Christian Hennecke · Gabriele Viecens

Gottes Design entdecken
Wie der Geist weht,
wo er will

Das Potential
der Gabenorientierung

Christian Hennecke · Gabriele Viecens

Gottes Design entdecken

Wie der Geist weht, wo er will

Das Potential der Gabenorientierung

echter

Bibliografische Information der Deutschen Nationalbibliothek

Die Deutsche Nationalbibliothek verzeichnet diese Publikation
in der Deutschen Nationalbibliografie; detaillierte bibliografische
Daten sind im Internet über ‹http://dnb.d-nb.de› abrufbar.

1. Auflage 2017
© 2017 Echter Verlag GmbH, Würzburg
www.echter.de

Umschlag: Peter Hellmund (Foto: shutterstock)
Satz: Hain-Team (www.hain-team.de)
Druck und Bindung: CPI – Clausen & Bosse, Leck

ISBN
978-3-429-04347-6
978-3-429-04915-7 (PDF)
978-3-429-06335-1 (ePub)

Inhalt

Einleitung: Gabenorientierung ist „en vogue"! – Zur aktuellen Situation

Wenn man in die deutsche Kirchenlandschaft schaut – sei sie katholisch, evangelisch oder freikirchlich –, so scheint Gabenorientierung heute tatsächlich „en vogue" zu sein. Eine „Welle", die kräftig auch in die Fortbildungsprogramme der meisten deutschen Bistümer hineinspült und dort Spuren hinterlässt: „Auf jeden Fall ein Charismenseminar", das scheint eine Option zu sein, die ganz schnell in den Blick rückt, wenn „Kirche" heute versucht, engagierte und fähige Christen zur Mitarbeit zu bewegen. Oder, wie eine evangelische Kollegin von einem Anruf erzählt: „Sie haben doch da so ein Gabenseminar zur Optimierung der Mitarbeitergewinnung."

Charismenseminar – Gabenseminar – Gabenorientierung: wir treffen auf Begrifflichkeiten, die unterschiedlich sind. Manchmal ist das, gerade auch für die Teilnehmer an Seminaren, verwirrend. Der Unterschied in den Begrifflichkeiten deutet aber auch auf Unterschiedlichkeiten im Gabenverständnis hin. Es gibt kleine, aber feine Nuancierungen zum Gabenbegriff in den theologischen Hauptfächern, abhängig auch davon, welche Konfession gerade zu Wort kommt.[1]

Deshalb setzen wir hier vorab eine kurze begriffliche Klärung zu unserem Sprachgebrauch im Blick auf Seminare und Workshops. Während wir, katholisch, oft von „Charismenseminaren" sprechen, ist bei unseren evangelischen und freikirch-

---

1 Vgl. hierzu die ausführliche Ausarbeitung in der Dissertation Manfred Baumert, Charismen entdecken, University of South Africa, Pretoria 2009, 17–44.

lichen Geschwistern eher von „Gabenseminaren" die Rede. Aber jenseits aller Nuancierungen im Gabenverständnis ist doch Fakt, dass – gleich unter welchem Namen – solche Seminare immer aus mehreren Teilen bestehen, von denen die Charismen in einer paulinischen Kriteriologie nur ein Teil sind, nicht aber der einzige. Im Folgenden werden wir also, besonders im Blick auf praktische Module, von Gabenseminaren und Gabenorientierung sprechen. Aber last, but not least, ist doch auch interessant, dass sich das griechische Wort „Charisma" in weitaus weniger biblischen Belegstellen finden lässt, als die Rede von den Gaben.[2]

Und eine zweite Klärung ist wichtig: ein Seminar – Charismen oder Gaben – zur „Optimierung der Mitarbeitergewinnung" verweist auf den Rahmen, in dem das Thema Gabenorientierung oft noch diskutiert und auch praktiziert wird, und zwar meistens entlang der beiden gleichen Linien: Es geht um „Kirche" – und zwar in einer sehr binnenkirchlichen Sicht. Aber dahinter verbergen sich auch, auch wenn das nicht immer so offen kommuniziert wird, sehr oft noch die Sorge und die Vorstellung, dass es eben Menschen braucht – die „Ehrenamtlichen" –, die die Aufgaben erfüllen sollen, die nun einmal erledigt werden müssen, ganz besonders in Zeiten, in denen die Zahl der Hauptamtlichen immer kleiner wird.

Aber ist das wirklich alles? Wenn wir ernst nähmen, was sich jenseits aller noch so angestrengten und anstrengenden Versuche der „engagierten Mitarbeitergewinnung" vollzieht und an vielen Orten schon längst vollzogen hat, käme uns ein radikaler Perspektivwechsel – und eben auch eine neue Zielrichtung – in den Blick: weg von den vermeintlich zwingend vorgegebenen Aufgaben, die „noch" erfüllt werden „müssen", hin zu den Menschen, die durch ihr Engagement der Kirche an ihrem Ort Gestalt und Gesicht geben. Also weg von einer aufgabenorientierten, hin zu einer gabenorientierten Pastoral und so hin zu einer Kirche, deren Antlitz die Getauften sind.

2 Ebd., 25.

Und so wird dann in der Tat verständlich, dass Gabenorientierung ein wesentlicher Baustein von Kirchenentwicklung ist.

An dieser Stelle wollen wir noch einmal einen Blick in die Eingangsgeschichte dieser „Bewegung" werfen, auf deren Welle eine Vielzahl von Gaben- oder Charismenseminaren schwimmt. Denn auf dieser Welle schwimmt auch eine riskante Engführung, die da heißt: Gabenfindung und -orientierung gleich Gabenseminar.

Am Anfang dieses „Siegeszuges" von Gabenseminaren im deutschsprachigen Raum stand am häufigsten der Kurs einer freikirchlichen Gemeinde aus Chicago. Die „Willow Creek Community Church" hatte ein Seminar entwickelt, das auch im katholischen Kontext oft durchgeführt wurde (und wird!) – das DIENST-Seminar: Dienen im Einklang von Neigungen, Stärken und Talenten.[3] Das klang und klingt stimmig und interessant, wenn man darüber nachdenkt, wie Menschen in einem gemeindlichen Kontext ihre Talente und Fähigkeiten zum Einsatz bringen können. Und so wurden an vielen Orten Kurse ausgeschrieben, die sich in erster Linie an die Ehrenamtlichen richteten und ihnen einen Raum öffnen sollten, genau diesen Talenten auf die Spur zu kommen.

Aber die Rede von der riskanten Engführung lässt sich hier belegen. Denn das, was zunächst von vielen begeistert aufgenommen wurde, warf immer öfter auch Fragen auf – und zwar meist vor einem sehr konkreten Hintergrund! Die Erfahrung nicht weniger Ehrenamtlicher war oft ziemlich desillusionierend: wenn die neu entdeckten oder bestärkten Gaben zum Einsatz gebracht werden sollten und wollten, blieb dann doch oft alles irgendwie beim Alten, weil es letztlich ja darum zu gehen schien – und sehr oft auch ging! –, Menschen zu finden, die helfen, die anstehenden Aufgaben zu erledigen. Auch wenn das natürlich nicht so direkt gesagt wurde, die schmerzvollen Erfahrungen sprachen und sprechen weiterhin für sich. Denn wenn Menschen energiegeladen und „einsatzbereit" von einem

3 Vgl. Bill Hybels/Bruce Bugbee/Don Cousins, DIENST – Entdecke dein Potenzial, Aßlar 2011.

solchen Seminar zurückkamen und -kommen und es dann keinen Ort gibt, ihre (neu) entdeckte Gabe ins Spiel zu bringen oder sie ins Spiel bringen zu dürfen, sind Enttäuschung und Frustration vorprogrammiert.

Hier zeigen sich erste Spuren, denen wir in diesem Buch weiter nachgehen wollen: die Frage nach dem konkreten Kontext und nach unserem Verständnis von Partizipation. In der Willow-Creek-Gemeinde, in der das DIENST-Seminar entstanden ist, war und ist das ganz klar: es geht darum, in einer konkret existierenden Gemeinde Menschen zu ermöglichen, dass sie ihre Gaben genau dort einbringen können. Konkret also um einen Dienst an und in einer fest definierten Gemeinde.

Sehr anschaulich zeigt dies eine kleine Geschichte, die der Gründer und Pfarrer der Gemeinde, Bill Hybels, oft erzählt hat: es kamen zu ihm zwei Männer, die zur Gemeinde gehörten und sich dort gern konkreter einbringen wollten. Sie wussten aber nicht wie, denn „wir können nichts, was man in der Kirche braucht!" (nebenbei, was genau ist eigentlich gemeint, wenn hier von „Kirche" die Rede ist? – eine weitere Frage, der wir in diesem Buch auf die Spur kommen wollen). Bill Hybels fragte sie dann, was sie denn könnten, und die Antwort war ganz klar und sehr praktisch: „Wir können Autos reparieren!" Entstanden ist daraus das „car ministry": zwei bis drei Mal in der Woche stellen diese beiden Männer Zeit zur Verfügung, in der sie Autos reparieren; Autos von Menschen, die das Geld für eine Reparatur in einer „offiziellen" Autowerkstatt nicht hätten. Wer die USA kennt, weiß, was das bedeutet. In einem Land, in dem das öffentliche Transportwesen sehr beschränkt ist und fast alles im Individualverkehr abläuft, ist das in der Tat ein großer Dienst an den Bedürftigen – der sich im Kontext einer konkreten Gemeinde vollzieht.

Als wir angefangen haben, mit dem DIENST-Seminar zu arbeiten, scheint uns aber genau dieser wesentliche kontextuelle Aspekt entgangen zu sein. Deutlich wurde zwar sehr schnell, dass dieses Seminar nicht immer „passt", z. B. bei den Gabenfragebögen, die ganz klar an den amerikanischen freikirchlichen Kontext der Willow-Creek-Gemeinde angepasst sind. Aber dies haben wir zunächst eher als einzelnen „Stolperstein" gesehen, etwa in Formulierungen, die in unserer anderen kirchlichen Kultur nicht aus sich heraus verständlich sind (wie z. B. „den ‚Zehnten' geben"). Die tiefer liegende, sehr grundsätzliche Frage nach der Relevanz des Kontexts, in dem sich hier Gabenfindung ereignet, rückte erst sehr langsam in unseren Blick. Nach wie vor scheint es oft eher darauf hinauszulaufen, dass überall dort, wo über Gabenorientierung nachgedacht wird und erste Schritte gegangen werden, am Anfang eben ein Gabenseminar steht. Und ein wesentlicher Aspekt – nämlich der Kontext – erst nach einem solchen Seminar bedacht wird. Aber wenn Gabenorientierung tatsächlich ein Baustein von Kirchenentwicklung sein soll, dann reicht eben kein „schön, dass wir's mal gemacht haben!".

Aus dem US-amerikanischen Raum findet neben DIENST-Seminaren auch die katholische Variante „Called and Gifted", die aus dem „Catherine of Siena-Institut" in Chicago kommt, Verbreitung. 1993 in Amerika entwickelt, wird mit dieser Seminarreihe als „process of spiritual discernment" (Prozess einer geistlichen Unterscheidung) auch in Europa, besonders in England, gearbeitet.[4] Aber es zeigt sich auch hier, vor allem in den Gabenfragebögen, dass eben nichts so einfach übertragbar wäre, geschweige denn zu kopieren.

Und so wurden auch im deutschsprachigen Raum Gabenseminare entwickelt, von denen wir hier, neben einer Reihe anderer, das Gabenseminar „Ich bin dabei" von Silke und Andreas Obenauer[5] erwähnen wollen. Entstanden im evangelischen Kontext der Landeskirche Baden, wird auch im katholischen Raum viel mit diesem Gabenseminar gearbeitet. Das hat Gründe: „Ich bin dabei" spricht von und erläutert Gaben in einer Sprache, die wenig „Übersetzung" für Menschen braucht, die nicht aus einem kirchlichen oder theologischen *„inner circle"* kommen. Und bei der Arbeit mit den Gabenfragebögen zeigt sich sehr schnell, dass die Teilnehmer gut damit umge-

4 Vgl. www.siena.org
5 Vgl. Silke und Andreas Obenauer, Ich bin dabei, Wetzlar 2011.

hen können und nicht ständig an einem fremden Kontext hängenbleiben.

Aber auch hier: im Untertitel schreiben Obenauer/Obenauer von gabenorientierter Gemeindearbeit. Der Rahmen ist also klar gesetzt und klar begrenzt. Was aber jenseits dieses (binnenkirchlichen) Raumes sein könnte – und ja auch ist –, dem wollen wir in diesem Buch weiter auf die Spur kommen.

Eine weitere interessante Frage stellte sich uns immer wieder neu: zu welcher Entdeckungsreise laden wir denn eigentlich ein, wenn wir von Gabenorientierung sprechen – und entsprechende Workshops durchführen? Geht es nicht, jenseits aller Seminare, vielmehr darum, die Menschen – eben alle Menschen – an einem konkreten Ort mit ihren Gaben wahrzunehmen und sie zu ermutigen ihrer eigenen Sendung zu folgen?[6] Diese Klärung ist wichtig, weil sie letztlich den Kern unseres kirchlichen Selbstverständnisses berührt. Wenn es also in der Tat nicht darum geht, Menschen zu finden, die die anstehenden Aufgaben irgendwie noch erfüllen können, wenn Kirche, wie Klaus Hemmerle[7] sagt, die Gemeinschaft vieler unterschiedlicher Charismen ist, wie können dann die Charismen als „göttliche Berufung und Begabung" entdeckt und ins Spiel gebracht werden – „als göttliche Berufung und Begabung zum Engagement!"[8].

Genau hier stellt sich dann nämlich die Frage nach dem größeren Ganzen: Wie eng denken wir „Kirche", „Leib Christi" in der Perspektive von Gottes Reich – und wie weit könnten oder sollten wir denken? Dies ist ein weiterer Faden, den es in diesem Buch aufzunehmen gilt.

Dieses Ringen um Klärung hat auch die Workshops und Seminare verändert – und verändert sie immer wieder neu, ge-

---

6 Vgl. Christian Hennecke/Birgit Stollhoff, Seht ich schaffe Neues, schon sprosst es auf – Lokale Kirchenentwicklung gestalten, Würzburg, 2014.

7 Vgl. Klaus Hemmerle, Zur Entwicklung der nachkonziliaren Räte in der Bundesrepublik, Theologische Reflexionen und Erfahrungen, Berichte und Dokumente. Herausgegeben vom Generalsekretariat des Zentralkomitees der deutschen Katholiken, Heft 10, 1970 (23).

8 Ebd.

rade auch im Blick auf Zielrichtungen und Zielgruppen. Denn wenn es darum geht herauszufinden, wie die Menschen an einem konkreten Ort ihre Gaben miteinander entdecken und ins Spiel bringen können, dann stellt sich uns ganz klar die Frage, ob Gabenseminare das leisten können. Oder ob nicht, wie eingangs erwähnt, Gabenseminare sinnvollerweise eher ein dritter oder vierter Schritt im gesamten Feld der Gabenorientierung sind.

Wir taten einen weiteren Blick über den Tellerrand: Be-Gabung und Be-Rufung sind auch anderenorts ein wichtiges Thema, aber eben anders als oft bei uns und schon gar nicht im Zusammenhang mit Gabenseminaren. Wir schauten in das Erzbistum Poitiers. Dort hat sich eine Kultur des Rufens entwickelt und die ist hier zentral für Leben der *communantes locales*. „Örtliche Gemeinde", so haben wir das übersetzt, aber die Wirklichkeit, die sich hinter diesem Begriff verbirgt, umfasst eben nicht nur das, was wir „kirchlich" hören, wenn wir Gemeinde sagen, sondern alle Menschen, die an diesem Ort leben. Menschen, die miteinander in Beziehung stehen, rufen sich gegenseitig in einen Dienst an der Gemeinschaft. Ihnen wird zugesprochen und sie sprechen sich gegenseitig zu: du kannst das, wir sehen das in dir und wir trauen dir das zu! Es geht also auch hier um einen konkreten Ort, aber hier kommt das alltägliche gemeinsame Leben ins Spiel, das Sich-Wahrnehmen und In-Beziehung-miteinander-Sein.

Und wie ist das bei uns? Gerade die Erfahrung von Poitiers hat diese Fragen in uns noch einmal verstärkt. Ein Gabenseminar quasi flächendeckend und für „alle"? Oder gilt nicht vielmehr auch für uns, dass wir ein Gespür dafür haben, welche Gaben Gott in uns hineingelegt hat – und auch in die Menschen, mit denen wir leben? Und trauen wir uns zu, dies – in aller gebotenen Form – anderen zuzusprechen? Und trauen wir Gott zu, dass alle Gaben, die am konkreten Ort gebraucht werden, auch geschenkt sind?

Das wäre in der Tat ein radikaler Paradigmenwechsel. Ein Paradigmenwechsel, der Vertrauen, Zutrauen, Wahrnehmen und Beziehung-Aufbauen als wesentliche Merkmale hat.

„Unsere erste Aufgabe in der Annäherung an eine andere Person, eine andere Kultur, eine andere Religion ist es, unsere Schuhe auszuziehen, denn der Ort, dem wir uns nähern, ist heilig. Sonst könnten wir uns dabei ertappen, wie wir auf dem Traum eines Anderen herumtreten. Noch ernster ist: wir könnten vergessen, dass Gott schon dort war vor unserer Ankunft" (Marc Alexander C. Warren). Diesen Satz hörten wir zum ersten Mal auf den Philippinen, auf der Insel Mindoro. Und der, der ihn uns sagte, war Pater Ewald Dinter, ein deutscher Missionar, der dort seit 26 Jahren mit den Ureinwohnern der Insel, den Mangyanen, in den Bergen lebt. Wahrzunehmen und wertzuschätzen, was schon da ist, was Gott schon getan und geschenkt hat, dies hat sich uns seit der Begegnung mit Pater Dinter noch einmal ganz neu eingeprägt. Und wenn wir von Kirchesein und -werden auf der Grundlage der Gaben sprechen, dann hieße das eben gerade nicht, dass wir etwas „machen", sondern vielmehr, dass uns bewusst ist, dass es um einen Prozess geht, der ein „Zuerst" und ein „Danach" hat. Zuerst geht es darum zu entdecken, welche Spuren Gott schon gelegt hat in den Gaben der Menschen, die an einem konkreten Ort leben. Und danach, wie aus diesen Gaben sich Kirche in der Perspektive des Reiches Gottes bildet und wächst. Und vielleicht stehen wir ja in der Tat gerade erst am Anfang einer weitaus größeren Herausforderung, nämlich unser Bild von Kirche zu weiten, zu schärfen, weiter zu denken. Auch diese Perspektive gilt es, weiter zu entfalten.

Und ein letzter Aspekt: die Herausforderung für die Leitenden. Wenn man den Entwicklungsweg von Gabenseminaren im deutschsprachigen Raum anschaut, so zeigt sich, dass – neben Angeboten für die sogenannten Ehrenamtlichen – ein zweiter Strang immer stärker wird: (verpflichtende) Fortbildungen zu diesem Thema für Hauptamtliche – Priester und hauptberufliche Mitarbeiter – in den deutschen Diözesen.

Das ist herausfordernd, denn hier geht es darum, in neue Rollen hineinzuwachsen. Die Aufgabe und Art von Leitung verändern sich. Und sehr oft erlebt man dann Unruhe, manchmal sogar Angst, denn es taucht immer wieder – und sehr nachvollziehbar – die Frage auf: „was ist dann noch ‚meins'?" Unsicherheit ist allerorten spürbar bei der Frage nach der Rolle von Leitung.

Ich erinnere mich an eine Diözesankonferenz von GemeindereferentInnen, in der eine Gemeindereferentin die Furcht äußerte, dass die Erstkommunion „anders" sein würde, wenn sie sie nicht mehr vorbereite. Und „anders" hieß hier: weniger professionell, weniger kompetent. Ihr antwortete eine Kollegin, die von einer Firmvorbereitung erzählte, die sie – fast ganz – in die Hand von gefirmten Jugendlichen gegeben hatte, denn „zu dieser Altersgruppe habe ich ja wirklich keinen direkten Draht mehr!". Sie schloss mit dem Satz: „Eigentlich hätte ich gar nicht dabei sein müssen, denn die haben das richtig gut gemacht!" Und in der Tat, wie schwer fällt es uns doch oft, gerade im Kontext von Leitung, diese andere Art zu akzeptieren, die ja durchaus kein „weniger" und schon gar kein „schlechter" sein muss, sondern eben „anders" ist. Was also braucht es, damit die leitenden Amtsträger an einem konkreten Ort sich als Diener an dieser Wirklichkeit, als Ermöglicher und Koordinatoren verstehen können?

Schon Klaus Hemmerle hatte diese Frage gestellt: „Welches sind grundsätzlich und konkret die gemäßen Bahnen der Kommunikation, in welchen die eigene Sendung und Aufgabe des Amtes, aber auch die eigene Sendung und Aufgabe der anderen Charismen fürs Ganze fruchtbar und wirksam werden können?"[9]

Und so tun sich hier zwei weitere Fragehorizonte für unser Buch auf: die Frage nach der Rolle des Amtes und der Leitung und – noch einmal – die Frage nach dem „Ganzen", nach dem Ganzen der Kirche!

Die Durchführung von Bewusstwerdungsmodulen zur Gabenorientierung, und gerade auch die Weiterentwicklung von Bewusstwerdungsmodulen in der Fortbildung für Hauptamtliche, hat uns vielfältige Einblicke ermöglicht: wie stark es einerseits Menschen motiviert, ihre Gaben zu entdecken und

---

9 Klaus Hemmerle, Zur Entwicklung der nachkonziliaren Räte in der Bundesrepublik, a. a. O. 23.

das Entdeckte auch einbringen zu können; andererseits aber auch, wie herausfordernd in diesem Zusammenhang Rollenveränderungen sind. Und es zeigt sich auch deutlich, dass unsere Vorstellungen von den „Einsatzorten" der Gaben noch sehr gehalten sind von einem eher binnenkirchlichen Blick auf die Kirche und weniger auf Prozesse, die das „Ganze" in den Blick nehmen. Diesen Versuch wollen wir mit diesem Buch wagen, wohlwissend, dass wir uns in Prozesse begeben, die eine vielleicht revolutionäre Umkehr im Denken brauchen, die Partizipation möglichst vieler und vor allem das Vertrauen und Zutrauen und das Bewusstsein, dass wir Entdeckende und Tür-Öffner sein sollten in einer Wirklichkeit, in der Gott in seinem Volk immer schon wirkt

Und klar ist: dies alles braucht einen langen Atem!

I. Entdeckungen und Herausforderungen

1. Gabenorientierung schillert –
Zu den Ambivalenzen einer Neuentdeckung
und ihrer Agenda

Was fasziniert, schillert oft in den buntesten Farben, ist verheißungsvoll. Und wie schon beschrieben gilt das auch für Charismenorientierung oder Gabenorientierung. Es weckt pastorale Fantasie, und in Zeiten, in denen ein gewachsenes System endgültig ins Wanken gerät, greift man schnell nach neuen Methoden und Rezepten. Was im besten Fall gelingen kann, ist dann eine Verlängerung der Sterbeprozesse. Das ist nur zu verständlich. Zu fragen ist aber: wer will das?

Und es ist ja klar: die Kirche befindet sich in einem epochalen Sterbeprozess, und das ist für die meisten eine Katastrophe. Denn für sie – Gemeinden, die sich engagieren, und Priester und Bischöfe, die sich sorgen – wird immer mehr deutlich, dass dieser Prozess irreversibel ist. Lange genug hat man sich bemüht, die Sterbeprozesse zu ignorieren und zu bekämpfen. Nun ergibt man sich mit wenig Hoffnung. Die Kirche wird kleiner, es gibt keine patentierten Nachfolger für das System einer Gemeindekirche. Und was erst ein europäisches Problem zu sein schien – und darin vor allem ein katholisches nördlich der Alpen –, das spüren inzwischen auch evangelische Landeskirchen. Und natürlich stemmt man sich dagegen, versucht von anderen zu lernen, findet immer wieder neue Rezepte. Und es lässt sich nicht sagen, dass man nicht alles versucht hätte. Und selbst dann, wenn Bischöfe und andere von hoffnungsvollen Aufbrüchen sprechen, hat man oft den Eindruck, sie würden es selbst nicht wirklich glauben, bestenfalls hervorsagen wollen.

Dabei wird häufig eines nicht gesehen. Dieser Sterbeprozess, der nun schon seit mehr als zwei Generationen voranschreitet, führt zwar zum Ende einer bestimmten Konfiguration der Kirche. Er betrifft dabei nicht nur Äußerlichkeiten, sondern das gesamte Grundgefüge einer vornehmlich hochinstitutionalisierten und hochprofessionalisierten (und dennoch nicht immer sehr professionellen) Kirche. Dieser Prozess führt aber zugleich auch in eine tiefgreifende Verwandlung und somit zu einer Erneuerung.

Noch besser: diese Erneuerung ist schon im Gang, seit einiger Zeit. Doch sie fällt zu wenig auf. Es scheint, als ob unsere Augen nicht sehen könnten, was schon ist. Und auch die, die von ermutigenden Aufbrüchen sprechen, tun dies häufig mit der Hoffnung auf eine neuerliche Fortführung einer nur zu gewohnten Form kirchlichen Lebens. Wenn man aber einmal unbefangen hinschaut, dann zeichnen sich Umrisse einer Erneuerung ab, die deutlich machen, dass nun auf einmal Horizonte aufreißen und ein Szenario evangelischer Freiheit sich öffnet. Eine solche Perspektive befreit aus einer unfruchtbaren Kampfdialektik gegen Formen, die einfach zu eng geworden sind und den Zeiten nicht entsprechen.

Es geht um eine Reformation[10], die an Radikalität nichts zu wünschen übrig lässt. Und vor ihr kommt man leicht ins Fürchten: Geht dabei nicht unsere ganze Tradition vor die Hunde? So fürchten Traditionalisten, so fürchten aber auch jene, die nicht gänzlich vom Geist einer sehr spezifischen und damit relativen Vergangenheit (der nicht identisch ist mit dem Heiligen Geist) durchdrungen sind.[11] Nein, unsere Tradition ist vielmehr

---

10 Vgl. Christian Hennecke, Kirche steht Kopf. Unterwegs zur nächsten Reformation, Münster 2016.

11 Damit wird auch deutlich, wer in der Kirche die eigentlichen Relativisten sind: wer eine spezifische Epoche der jüngeren Kirchengeschichte für normativ hält, relativiert die Dynamik des Evangeliums und macht sie zum Museumsobjekt.

neu zu durchdenken, ist vielmehr neu zu sehen, gerade auch in ihren sensibelsten Bereichen. Und genau dahinein, in diese brodelnde Situation der Unsicherheit, fällt die Rede von der Gabenorientierung. Und während die einen sie noch als Pflaster oder neueste Beatmungsmaschine einsetzen und damit eine Antwort auf die Frage suchen, wie heute, in der Postmoderne, Ehrenamtliche zu gewinnen, zu rekrutieren oder zu werben sind, damit gewachsene und neuere Erfahrungen, Sozialformen und Projekte der Kirche weiter funktionieren können, könnte man umgekehrt anhand der Gabenorientierung auch die Reformation illustrieren, in der wir stehen. Das hat aber eine Konsequenz: es reicht dann nicht, Gaben- und Charismenorientierung irgendwie einzubauen in das Bild einer Kirche, das weithin von ihrer versorgenden Institutionalität geprägt ist – man muss dieses Bild verlassen. Und das wollen wir hier tun, in der gebotenen Kürze.[12]

Vielleicht wird dann deutlich, dass dabei ein faszinierendes neues Bild entsteht. Eine Kirche, die nicht mehr so sehr im Mittelpunkt steht, angstvoll um sich selbst bemüht und voller Furcht, den eigenen Ursprung zu verlieren. Das – in der Tat – wäre der Weg, sich wirklich zu verlieren. Und dann ringt man um das Amtsverständnis, um die Sakramente, um das Lehramt, um die Rolle der Laien, um die Sozialformen der Gemeinden und gerät von Unklarheit zu Unklarheit. Genau das ist zu beobachten. Und was ist, wenn man Vertrauen investiert und der Tradition und ihrer katholischen Weite mehr zutraut, als doch nur die eigene Statik zu zementieren?

Die Dynamik des Evangeliums, die in jeder Zeit immer wieder neu das Ganze des Glaubens in neues Licht rückt, führt dann auch zu einer neuen Entdeckung der eigenen Tradition.

---

12 Eine Reformulierung der Tradition ist im vollen Gange. Alle wesentlichen Konzepte und Begriffe geraten in Bewegung. Es ist wie in einem Kaleidoskop, das gedreht wird. Alles wird neu, alles bleibt. Aber anders. Das theologisch auszuloten bleibt eine ausstehende Aufgabe, noch größer aber ist die Aufgabe, dies verständlich zu formulieren.

Und das kann man im Kontext der Gabenorientierung bestens illustrieren.

Kirchenentwicklung: wie Gabenorientierung über die Kirche hinauswächst

Die Ambivalenzen der Gabenorientierung lassen sich leicht illustrieren, wenn man sie zusammenbringt mit den Entwicklungsdimensionen des Kircheseins, wie sie karikierend und treffend weltkirchlich ins Gespräch gebracht werden und so einen Bewusstseinsbildungsprozess ermöglichen.[13]

Versorgungskirche als Versuchung

---

13 Was das für einen deutschsprachigen Kontext beitragen kann, dazu vgl. Christian Hennecke/Gabriele Viecens, Der Kirchenkurs. Wege zu einer Kirche der Beteiligung, Würzburg 2016.

Diese erste Entwicklungsphase der Kirche zeigt eine deutliche Dominanz. Oft kommt man darauf, dass hier ein vorvatikanisches Paradigma geerdet wird. So sei es gewesen, als Priester (und die Person auf dem Podest ist ein Priester!) von oben das Volk versorgten, und dieses Volk sich versorgen ließ. Ein klares Oben – Unten. Aber es wäre zu leicht, dieses Bild in eine ungefährliche Vergangenheit zu transferieren. Drei Gründe sprechen dagegen.

Zum einen ist es unglaublich wirkmächtig. Selbst wenn diese Konstellation der Vergangenheit angehören sollte, sie ist dennoch noch sehr präsent und bildet präzise Kampfzonen und Autoritätskonflikte ab. Sie wirken unterschwellig weiter, wenn etwa Priester den ihnen anvertrauten Gläubigen verbieten wollen, sich zum Gebet zu treffen, weil sie doch alleine für Gottesdienste zuständig seien. Sie wirken nach, wo GemeindereferentInnen Eltern und Kindern ihre geniale Erstkommunionvorbereitung aufnötigen (und diese sie gerne aushalten oder unwillig ertragen), sie zeigen sich im massiven Misstrauen von Seiten einiger Verantwortlicher in der Kirche gegen Neuaufbrüche. Und sie sind leider auch dann im Spiel, wenn Professionalität in einer Weise in Stellung gebracht wird, die andere sofort zu Unprofessionellen macht, zu „Laien" im abschätzigen Sinn des Wortes. Und sie zeigt sich auch dort, wo Ehrenamtlichkeit gegen „passives Christentum" ins Spiel gebracht wird. Es ist geradezu verräterisch, wie sehr hier Hierarchien ins Spiel kommen: multitaskende Ehrenamtliche versus Sonntagskirchgänger versus Gelegenheitschristen und Ungläubige. Summa summarum: all das ist schrecklich präsent, und wie! Leider!

Zum anderen: es entspricht einem Bild der Kirche, dass diese zu einer Institution degenerieren lässt. Entscheidend ist hier die Institution. Sie besteht aus Professionellen, die für die anderen sorgen. Und das soll ewig so bleiben. Das Groteske dieses Bildes ist eindrücklich, wenn man es als Standfoto einer menschlichen Entwicklungsphase betrachtet. Natürlich ist es wichtig, dass Lebensanfänger mit allem Nötigen versorgt werden – Kleinkinder leben von ihren Eltern. Aber eben nur am

Anfang. Es ist doch fatal, wenn Christen in Kirchengemeinden angesichts der Herausforderungen der heutigen Zeit nach neuen Hauptberuflichen, nach Versorgern rufen und dies als die Lösung der schwierigen Lage ansehen. Es ist paradox, weil viele doch gar nicht Anfänger im Glauben sind, sondern profilierte Christinnen und Christen, die es möglicherweise sehr viel besser könnten als die meisten Hauptberuflichen. Aber: die Prägung funktioniert bei einigen bis heute. Und Priester und Hauptberufliche haben dafür gesorgt, sie sind häufig für diesen Zustand selbst verantwortlich. Und so sind viele Menschen aus den Kirchengemeinden gegangen, weil in ihrem Entwicklungsweg nicht Versorgung, sondern individuelle Selbstverantwortung von Anfang an eingeübt wurde – und eine solche Pastoral extrem bevormundend, wenn nicht übergriffig erscheint. Wer geblieben ist, erleidet diese präpotenten Anwandlungen und ringt um mehr Erlaubnisse zur Selbstgestaltung. Das ist keine Vergangenheit. Es hat auch damit zu tun, dass die Professionalität oder auch das Amt für sich in Anspruch nehmen, es besser zu können. Und was dabei fehlt, ist eine ermöglichende Entwicklungsperspektive. Ganz ehrlich: welcher Hauptberufliche in der Kirche, welcher Priester möchte alles dafür tun, dass das Volk Gottes über ihn hinauswächst? Die Angst ist mehr als spürbar: „Mache ich mich überflüssig?" „Können die hohen Standards gehalten werden?" – und mit dogmatischer Keule: „Wird das eine Kirche ohne Priester?" Was für eine Perspektive – aber auch welche abgrundtief schlechte Theologie wird hier zur Wahrung der eigenen Position heraufbeschworen.

Und hier sind wir beim dritten Aspekt – und würdigen diesen Anfangszustand mancher Entwicklung. Denn es ist ja auch Wahres in diesem Bild. Das hat damit zu tun, dass am Anfang jeder Entwicklung die Beziehung steht. Und dass es dringend Orientierung, Inspiration und Vertrauen braucht. Und es braucht jemanden, der den Weg öffnet, ermöglicht, Räume des Ausprobierens schafft und sie schützt. Und jemand, der Potentiale hervorsagt, hervorruft oder sieht und würdigt. Das ist vornehme Aufgabe geschwisterlichen Miteinanders, die darin besteht, genau dies zu ermöglichen: einen Entwicklungsprozess zu initiieren.

Wir müssen ehrlich sein: explizit gewusst haben wir das nie. Als Priester, als Pfarrer habe ich gemacht und getan, Projekte gestartet und beendet – aber hatte ich wirklich das Wachsen der Brüder und Schwestern im Sinn? War es wirklich so klar in meiner Ausbildung, was Presbyterorum Ordinis 6 harsch formuliert: *„Noch so schöne Zeremonien und noch so blühende Vereine nutzen wenig, wenn sie nicht auf die Erziehung der Menschen zu christlicher Reife hingeordnet sind."* Nein, das habe ich nicht gelernt, jedenfalls nicht in der Ausbildung. Und ich würde sagen: nur ganz selten ist diese Perspektive einer ermöglichenden Entwicklung auch in anderen Berufsgruppen präsent. Und wo ist es Programm, dass Emanzipationsprozesse der Gläubigen angezielt werden? Ich kann es wenig beobachten.

Und damit sind wir mitten in der Diskussion um die Gabenorientierung und eine ihr entsprechende Kirchenkultur. Denn: wer sich ernsthaft mit dem Thema der Gaben und der Charismen beschäftigt, dem wird schnell deutlich, dass es nicht nur darum gehen kann, die Gläubigen zu belehren, sie zu versorgen (ob sie wollen oder nicht), sondern mit ihnen Fragende und Suchende zu sein. Vor allem gilt, was Bischof Rouet im Blick auf eine rurale Kirchenentwicklung der örtlichen Gemeinden in seinem Bistum Poitiers gesagt hat: „Wir haben sie gefirmt – glauben wir nicht, dass der Heilige Geist in ihnen wirkt?" Dieses bestärkende Vertrauen wäre der richtige Blick. Dieser Blick, der die Potentiale und Fertigkeiten, die Kunst und Kompetenz der Schwestern und Brüder stärkt, könnte zur Freude am Wachstum beitragen. Auch wenn dann alles anders wird. Aber genau das ist doch die Freude derer, die andere inspirieren: nicht klonen, sondern freisetzen.

Umgekehrt: eine Kirche, die so stark institutionell geronnen und fixiert ist, eignet sich bestens als kindliche Projektionsfläche für Konflikte, wie sie Personen eigen ist, die nicht erwachsen werden durften. Auch das lässt sich erkennen. Aber ein weiterer Einwand ist hier einzubringen: Möglicherweise weist auch die Kritik derer, die die Kirche auf dem Markt der Weltanschauungen sehen und ihre Schwäche denunzieren, noch auf Reste institutioneller Eierschalen des Bildes einer dominierenden Versorgungsinstitution. Als ginge es darum, dass diese Institution ihre Mitglieder noch einordnen müsste. Muss sie nämlich nicht. Auch dann würde man noch von einer parallelen societas (imperfecta?) träumen oder albträumen ... (was eigentlich das Gleiche ist).

Es geht um etwas anderes. Wer von den Potentialitäten und Gaben aller her denkt, der sprengt das Bild einer institutionell geschlossenen Kirche – wem Entwicklungsräume aller wichtig wären, der würde damit auch dieser Institution und ihren Profis eine andere Rolle zuschreiben. Der müsste Gemeinde, Gemeinschaft, Sendung, Gaben, Charismen und Talente neu beschreiben. Doch dazu später.

Aufgaben oder Gaben?

Kirchenentwicklung ereignet sich, hat sich ereignet, wird sich ereignen. Ob als geplanter Entwicklungsprozess oder als „normaler" Weiterentwicklungsweg einer Kirche der Profession: in dieser nächsten Phase der Kirchenentwicklung geschieht erstmals so etwas wie „In-Dienst-Nahme": Es gibt so viele Aufgaben, und geeignete Personen werden gesucht, diese Aufgaben durchzuführen. Klar ist, wer „schickt": es sind die Profis, die aussuchen, schicken und machen lassen, für bestimmte Aufgaben.

Es ist eine klassische Delegationslogik. Aufträge werden übertragen, und Menschen übernehmen – auch sehr gerne – Aufgaben, die ihnen zugetraut oder zugemutet werden. Und man kann ja auch vertrauen, dass diejenigen, die mich anfragen, auch wirklich um meine Gaben und Talente wissen – und mich deswegen ansprechen.

Auf der einen Seite sind wir diesen Entwicklungsschritt längst gegangen – und die klassische Kultur des Ehrenamtes hat hier ihre Wurzeln. Man versteht auch, was hinter diesem Begriff steht. Es ist eine Ehre, Dienste zu tun, mit denen ich

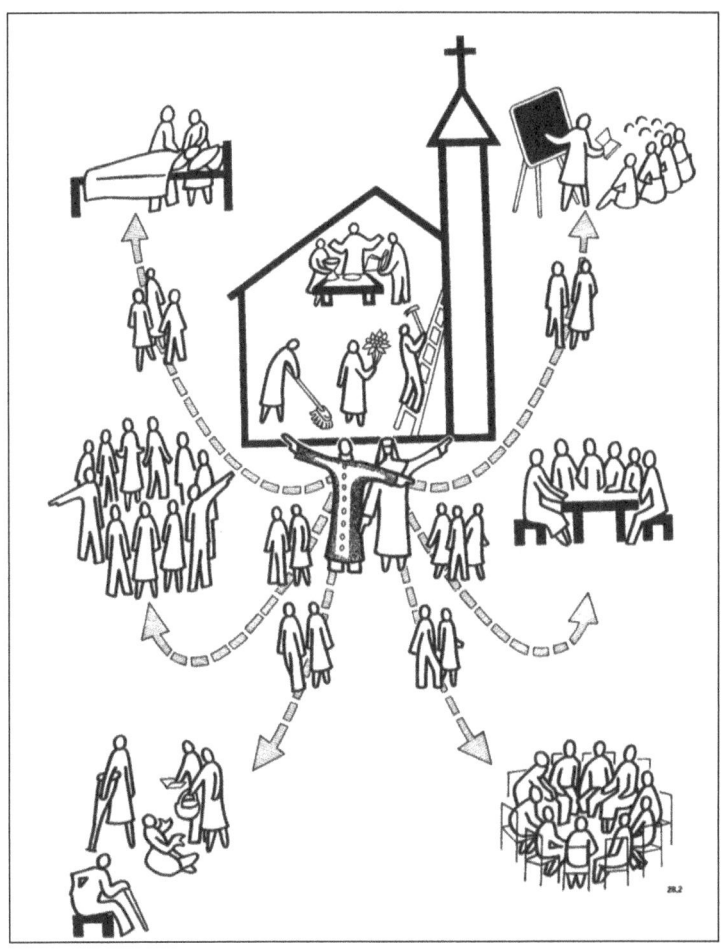

betraut, beehrt werde, eben auch gewürdigt. Eigentlich wäre es nicht meine Aufgabe, aber die Verantwortlichen teilen ihre Aufgaben mit mir – dem Laien, der Laiin. Das führt zu einer ungeheuren Erweiterung und Verlebendigung kirchlichen Lebens. Denn ja, es ist ja unmöglich, dass Hauptamtliche alle diese Dinge tun, und sie nehmen mich in ihre Aufgaben mit hinein. Und ihre umfassende Aufgabe ist die Seelsorge, an der ich nun Anteil haben darf.

Aber auch dieser Entwicklungsschritt ist notwendig, verweist er doch auf eine echte Entwicklungsmöglichkeit und -realität: die Gaben der Christinnen und Christen werden ins Spiel gebracht im Blick auf die vielfältigen Aufgaben der Seelsorge. Zu hoffen ist natürlich, dass dabei die Gaben der Getauften gewürdigt werden – aber grundsätzlich geht es nicht zuerst darum, sondern um die zu erledigenden Aufgaben, die in der „Letztverantwortung" des Teams, des Pfarrers liegen.

Was bedeutet das für unser Thema der Gabenorientierung? Wird sie hier wirksam? Ja und nein. Denn einerseits könnte man ja sagen, dass hier Ehrenamtliche aufgrund ihrer Gaben in einen Dienst genommen werden – und das stimmt auch. Aber dummerweise ist dieser Entwicklungsschritt viel zu wenig, wenn nicht weitere Schritte folgen, die der Dynamik der Gaben den rechten Ort geben.

Konkret: wenn bis heute Ehrenamtliche zum Ausdruck bringen, dass sie ja dem Pfarrer helfen und ihn unterstützen in seinem Dienst, dann wird noch einmal deutlich, wie sehr auch hier nicht zuerst die eigene Verantwortung im Mittelpunkt steht, sondern es darum geht, im Rahmen der Leitungsverantwortung des Pfarrers mitzuwirken. Das wird gerade in letzter Zeit wieder virulent im Kontext der zahlreichen Umstrukturierungen der Pfarreien. Wenn also zum Beispiel weniger Hauptberufliche zur Verfügung stehen und auch – siehe oben – kein Ersatz in Sicht ist, dann müssen es jetzt die Ehrenamtlichen tun.

Deswegen ist in diesem Kontext nicht die Kraft des Geistes zentral, der die Gaben weckt, sondern die Kraft der Delegation „von oben". In dieser Kraft, die nicht Übergabe, sondern Gewährung von Partizipation und Mitwirkung ist, wirken Christinnen und Christen mit.

Das ist sicher ein Fortschritt gegenüber einer Professionalität, die um sich selbst kreist, aber eins ist auch klar: von der Selbstverantwortung der Christinnen und Christen ist das noch weit entfernt. In den letzten Jahrzehnten wurden so vielfach „Einwegkatechetinnen und -katecheten" gewonnen, die einmal – wenn ihre Kinder dran waren – auch mitwirken wollten (oder mussten) an der Katechese. Nicht immer, aber leider häufig, wurden begabte Christinnen und Christen dann als „pastorale Ungelernte" mit einem Minimum an Vorbereitung aufgeschlaut und durften dann Katechesestunden gestalten, unter (hoffentlich hinreichender – leider oft vergeblich eingeklagter) guter Begleitung der Hauptamtlichen, die dies ja am besten konnten. Nie oder nur selten kam und kommt es zu einem Entwicklungsprozess, an dessen Ende begabte Katechetinnen und Katecheten eigenständig Katechese gestalten – und auch gut ausgebildet (und beauftragt) wurden. Man kann sehen: wir sind hier noch weit davon entfernt, Gabenorientierung ernst zu nehmen. Denn selbst wenn hier Gaben entdeckt werden, stehen sie unter dem Vorzeichen einer Delegation unter der Leitung von Hauptberuflichen. Hier liegen die Probleme, gerade heute. Man darf wahrscheinlich mit Recht behaupten, dass mindestens zu einem Teil der Hype um die Gabenorientierung auch damit zusammenhängt, dass es immer schwieriger wird, geeignete Ehrenamtliche für solche Dienste zu gewinnen. Das hat verschiedene Gründe. Aber es macht auch das „Gaben-finden-Wollen" höchst ambivalent. Denn ja, es wäre fein, wenn Gaben entdeckt würden und so die Aufgaben einer Pfarrei „abgedeckt" werden können. Und ja, es wäre fein, wenn man neue Ehrenamtliche gewinnen könnte. Und da diese ja heute anders sind als früher – das „neue" Ehrenamt ist projekthaft, autonom, selbstbestimmt, partizipativ –, wäre es ja trotzdem schön, sie würden sich in meinem Projekt der Erstkommunion engagieren – denkt der Hauptamtliche. Und wenn es dann so wunderbar spannende Gabenseminare hier und dort gibt, könnte das doch zu einer ergiebigen Quelle meiner pastoralen Initiativen werden.

Ist das zu böse? Es wirft nämlich ein scharfes Licht auf die Grundanlage von Pastoral, die bei nicht wenigen heute noch unbefragtes Essential ist. Die Verantwortung für die Pastoral an einem Ort ist dem Pfarrer und den Hauptberuflichen durch eine spezifische Sendung durch den Bischof übertragen worden. Sie ist eigentlich sehr unspezifisch und geht in der Regel davon aus, dass die Hauptberuflichen mit ihrer Kraft und Energie es schon gestalten werden, was pastoral notwendig ist. Sosehr dies auch in der Regel ganz gut geschieht – Pastoral, die

Sendung der Kirche – sie ist und bleibt Verantwortung des Leitenden. Und selbst wenn er von seiner Verantwortung delegierend abgibt, bleibt er letztverantwortlich, hat er eigentlich das Sagen.

Hinzu kommt hier noch ein Weiteres: bislang konnten Hauptberufliche und Priester tatsächlich die Idee bekommen, dass gewissermaßen die Pfarrei der zu gestaltende Raum ihrer Fähigkeiten und Charismen sei. Ich erinnere mich an ein sehr aufschlussreiches Gespräch mit einer Pastoralreferentin eines deutschen Bistums. Sie erzählte mir freudestrahlend, dass es ihr gelungen sei, die Erstkommunionpastoral in allen vier Gemeinden der Pfarrei nach der Fusion zu vereinheitlichen. Zum einen brachte sie damit ihr Konzept durch, zum anderen war natürlich ihre Arbeit einfacher geworden.

In meinem Gesicht erschienen Fragezeichen. „Gab es nicht auch davor Erstkommunionvorbereitungen – und waren die nicht verschieden überall?" „Ja", war die Antwort. „Haben denn alle mitgemacht, als diese Umstellung kam?" „Nein, eine Reihe sind gegangen – ich habe mir ein neues Team gesucht." Ich schloss: „Meinen Sie wirklich, dass Sie das Recht haben, so zu handeln?"

Pastoral als Spielwiese der Charismen der Hauptberuflichen – so würde ich das bissig nennen. Vielleicht ist das noch viel zu positiv, denn es kann gut sein, dass es keine Charismen sind, sondern vielmehr nur Fertigkeiten, die angelernt wurden. Aber grundsätzlich müssen Gemeinden dafür herhalten, dass Hauptberufliche ihre eigene pastorale Vision durchziehen. Und immer finden sich ja welche, die man dazu in den Dienst nehmen kann. In der Tat: 30–50 Personen finden sich in jeder Pfarrei, die mitmachen, wenn etwas Neues passiert. Die übrigen denken resigniert: „Das ist das Ding des Pfarrers – auch diesen Pfarrer werden wir überleben."

Deswegen erklärt sich – und wir werden das weiter reflektieren müssen –, warum eine radikale Gabenorientierung vielen Hauptberuflichen suspekt ist. Sie klagen ein, warum *sie* nicht ihr Charisma einbringen können – wieso es nur darum gehen soll, andere zu befähigen. Eine Rolle ändert sich – in der Tat.

Umgekehrt gilt: es ist angesichts der gesellschaftlichen Veränderungen doch mehr als erstaunlich, dass immer noch so
viele Engagierte diese Delegationen übernehmen. Das ist nur
zu erklären aus dem hohen Maß an Identifikation und Leidenschaft für eine Kirche, die alternativlos institutionell zu sein
scheint. Viele hingegen, die wie selbstverständlich ihre Gaben
einbringen an den verschiedensten Orten der Welt und groß-
artige Dinge entwickeln, würden nie und nimmer in ein solches Setting einsteigen.

Das gibt zu denken und macht deutlich, dass dieses zweite
Bild zum einen eine ebenso große Prägekraft wie das erste entwickelt und also bis heute – und sogar bis in die Gabenseminare hinein – weiter als normal gehandelt wird. Und auch hier
muss man sagen, dass die eigentliche Verantwortung für diesen zweifellos nächsten Wachstumsschritt bei den Leiterinnen
und Leitern pastoraler Profession liegt. Mit dieser Konstellation, mit diesem Gefüge ist ja jenes Unwort der Letztverantwortung aufgerufen, das jede Gabenorientierung begrenzt. Wir
wollen nicht bezweifeln, dass Pfarrer und ihr Team eine Verantwortung für die Pastoral dem Bischof gegenüber haben, der
sie gesandt hat. Aber das In-Anspruch-Nehmen dieser Verantwortung im Rahmen einer Delegation Ehrenamtlicher drückt
ein Machtgefälle aus, das theologisch nicht stichhaltig ist. Das
wird zu belegen sein. Auch zu klären ist, was dann Letztverantwortung richtigerweise meint und ob nicht dieser Begriff
so hoffnungslos hierarchisch ist, dass er sich zwar eignet, innerhalb der Sendungsverhältnisse bezahlter pastoraler Dienste
benannt zu werden, nicht aber im Kontext der Gaben und Aufgaben in einer Kirche, die vom Volk Gottes und also von den
Gaben her denkt. Die Rede von der Letztverantwortung ist in
diesem Kontext und so verstanden leider nichts anderes als ver-
deckter Klerikalismus.

Und doch. Gerade auch wenn keine Entwicklung beabsichtigt ist, geschieht sie. Immer wieder hören wir, hört man, wenn man über die Reichweite der Taufgnade und das Wirken des Geistes spricht, dass die Christinnen und Christen das entweder nicht leben können oder es auch gar nicht leben wollen: die einen seien Konsumenten, die anderen würden gar nicht „so weit sein", schon Verantwortung zu übernehmen oder übernehmen zu wollen. So weit die Erfahrung der Hauptberuflichen, die diese selbst – wir sahen es – produziert haben und vielleicht auch gerne möchten, dass dies so bliebe. Mindestens gilt: wenn einerseits viele engagierte Christinnen und Christen über mangelnde Begleitung und Unterstützung klagen, dann steckt dahinter ein Wunsch nach weiterer Förderung, nach intensiveren Lernmöglichkeiten, nach Orientierung der vielfältigen Kompetenzen.

Und so gerät dieses Modell der „ehrenamtlichen Unterstützer" in eine Krise, weil es über sich selbst hinauswächst, weil es Systemgrenzen sprengt. Und so fokussiert die dritte Entwicklungsphase einen wesentlichen „Wendepunkt" des Kirchenmodells und der Kirchenkultur. Es ist kein angenehmer Moment, und in den vielen Gesprächen über diesen „Zustand" wünschten sich die meisten, er möge schnell beendet sein – man drehe sich doch um sich selbst.

In der Tat könnte es so scheinen. Aber es ist dennoch ein entscheidender Moment. Ein möglicher System- und Kulturwechsel liegt in der Luft: „Was haben Glauben und Leben miteinander zu tun?" „Was geht mich das an?" Zwei zentrale Fragen, denn hier geht es um die Relevanz des eigenen Glaubens. Nicht umsonst findet sich hier kein bergender „Kontext" der Gemeinde und ihrer Aktivitäten mehr. Man könnte sagen, dass hier die Merkmale des Individualismus und der persönlichen Aneignung leitend werden – im Modus des Fragestellens, im Modus der Krise. Zwei entscheidende Fragen werden gestellt. Die erste heißt: „Was ist eigentlich Kirche?": Bisher war es klar, eine klare Gefügung mit unterschiedlichen Verantwortlichkeiten, Letztverantwortung, Delegation und Aufgabentableau. Das aber schwindet und löst sich auf in dem Moment, in dem tiefere Sinnfragen und Relevanzfragen gestellt werden. Damit aber gerät auch die Aufgabe derer in Frage, die bisher diesen Rahmen festlegten: „Was ist meine Rolle?" – so lautet dann die zweite Frage

Nein, hier wird keine überflüssige Frage der Selbstbespiegelung gestellt, sondern eher eine weitende Identitätsfrage. Denn in der Tat verlässt Kirche hier ihre institutionelle Logik zwischen Dienstleistungsorganisation und Mitgliedschaft. Dieses Gefüge löst sich auf – und nun hängt es davon ab, wie man diese Auflösung begreift. Denkbar ist der Weg zurück als Regression. Denkbar ist der Schritt nach vorn – wohin? Wie kommt in diesem brodelnden Ungewissen die Gabenorientierung zu stehen? An der Oberfläche ist sie nicht, aber im Untergrund. Denn im Rückblick auf Bild 2 entwickelt sich ja aus der „Indienstnahme" Ehrenamtlicher ein wachsendes Bewusstsein der eigenen Gaben und ihrer Relevanz. Allerdings entwickelt sich damit auch ein Selbstbewusstsein der eigenen Selbständigkeit. Und damit kommt es in Sachen „Gaben" zum Ende der Aufgabenorientierung. Denn mit Recht fragen sich Ehrenamtliche, was daran eigentlich Ehre sein soll, wenn sie mit – möglicherweise schlechter als sie ausgebildeten – Hauptberuflichen unter deren Leitung mitarbeiten sollen, und dann auch noch unbezahlt.

Damit stellt sich für die Menschen von heute, die mit ihren Gaben und Talenten, Ausbildungen und Kompetenzen bestens in ihrem Leben gerüstet sind, die Frage neu, was Kirche ist – oder besser: ob sie auch Kirche sind. Denn „Mitgliedschaft" ist keine relevante Zugehörigkeit. Unter dem Andrängen und Werden einer Kultur der Partizipation geht es eben nicht darum, irgendwie mitzumachen, um ein bestehendes Setting aufzufüllen, es geht vielmehr um die Frage, wie durch die Eigenwirksamkeit, durch das eigene Profil der Gaben und ihrer Hin-gabe etwas geschieht, „damit es anderen nützt" (vgl. 1 Kor 12,7).

Ist das denkbar, dann wandelt sich das Verständnis der Kirche von Grund auf: Das Volk Gottes ist die Kirche – nicht eine vorgegebene Struktur mit ihren Aufgaben. Sie – die Brüder und Schwestern – entdecken ihre unterschiedlichen Gaben und Sendungen, leben sie und lassen sie wirken, und dabei bilden sich angemessene – stabile oder liquide – Sozialformen aus. Kein Wunder, dass hier nun die Rolle der Verantwortlichen in Frage gerät. „Steuerung" der Herde, „eigene Projektpastoral", die Gemeinde als Spielfeld eigener Charismen – das funktioniert nicht mehr. Vor allem aber ist hier ein deutlicher Machtverlust spürbar. Und wer von dieser professionellen oder hierarchischen Vormachtstellung bisher profitierte, wird den Verlust schmerzlich erfahren.

Die allüberall stattfindende Diskussion über die Rolle der Priester ist nur die Spitze des Eisbergs einer seit dem II. Vatikanum anstehenden Diskussion. Es geht um eine Neuformatierung des „Amtlichen", die eigentlich den Ursprung wieder geltend macht: es geht um Dienst und Ermöglichung, es geht um Orientierung, Inspiration und Moderation, es geht um Einheitsstiftung und Vielfaltsermutigung – es geht um Demut und letztlich darum, der Erste zu sein, indem man dient – wie Jesus seinen Jüngern bei passenden Gelegenheiten nahezubringen versucht. Das wird weiter zu entschlüsseln sein – denn es ist eine der Schlüsselfragen, die hinter der Gabenorientierung steht.

Last, not least: Kirche von den Gaben her beschreiben

Auf den ersten Blick sind nur wenige Unterschiede zu sehen. Und das macht auch die Ambivalenz aus, in der wir uns wiederfinden. Auf der einen Seite entfaltet sich die Kirche hier mit genau denselben Aufgaben, wie sie im Rahmen einer klassischen Prägung erschien. Das macht sie ambivalent und verwechselbar. Aber einiges ist anders. Es ist vor allem „der Geist des Auferstandenen", der die Perspektive vollkommen umdreht. Hier beauftragt keiner mehr, hier macht niemand mehr Menschen zu Mithelfern seines umfassenden Pastoralauftrags. Hier ist es die Gemeinschaft der Gläubigen, hier sind es die von Gott gesammelten und in Taufe und Firmung gesandten Christinnen und Christen, die aus dem Geist ihrer Sendung agieren, Initiativen beginnen, im Geist des Evangeliums handeln.

Damit löst sich die enge Grenze von Kirche und Welt in ihrer Statik auf. Und es wird immer deutlicher, dass es nicht um ein Verhältnis geht, wie es bislang beschreibbar war, auch nicht in seiner Umkehrung: auf der einen Seite sprach man von einer „Komm-her-Kirche" und die Idee war die, immer mehr Menschen zu engagierten Christinnen und Christen „in der Gemeinde" zu machen, sie zu „gewinnen" oder zu „rekrutieren" oder „abzugreifen" (wie ich es von einem Jugendlichen gehört habe). Was im Bild 2 noch durchaus Programm war, neue Leute zu gewinnen, die dann Aufgaben übernehmen, die die „Kirche" doch erfüllen muss (und gemeint war hier die Institution), das wird nun absolut obsolet.

Und ebenso eine „Geh-hin-Kirche": denn welche Kirche geht wohin? Sollte hier wieder gemeint sein, dass das bisherige Modell nur geweitet wird? Sollte dahinterstecken, dass nun eine neue „nach außen gewendete" Pastoralstrategie „in die Straßen führt", „in die Welt", in die Relevanz neuer Orte. Dies ist zweifellos institutionell angesag. Und in der Tat: das Werden einer umfassenden karitativen und kategorialen Seelsorge, das Wachsen von Jugendkirchen und anderen, z.B. citypastoralen Aufbrüchen bezeugen diese neue Sensibilität für die Notwendigkeiten eines Kirchenverständnisses jenseits gefügter Binnenräume[14] und bieten zweifellos neue Andockpunkte für Menschen, denen die „Kirche" als überstrukturierte und aufgabenorientierte, hierarchische und wenig partizipative Einrichtung fremd geworden ist.

Es geht aber um mehr, um viel mehr. Denn wenn Christinnen und Christen aus der Kraft des Geistes und der Gnade (Charisma) ihre Gaben zum Nutzen anderer einbringen, dann verwirklicht sich in diesem Handeln die Sendung des Evangeliums, dann ist dies Sendung der Kirche „im Vollzug". Und das bedeutet auch, dass „Kirche sein" nicht ein herzustellendes Gebilde ist, dass nun die Früchte dieses Engagements wieder einsammeln und sich aneignen müsste (etwa im Binnenbereich ihrer „Gemeindlichkeit"), sondern es gilt umgekehrt: die Gemeinde des Herrn, das ist diese Sendungsbewegung der Gabenträgerinnen und Gabenträger, die an den unterschiedlichsten und nicht erwartbaren Orten, in „Freude und Hoffnung, Trauer und Angst der Menschen, besonders der Armen und Bedrängten jedweder Art" (GS 1) das Evangelium bezeugt und so beiträgt zum Offenbarwerden des Reiches Gottes.

Mal konkret: Christinnen und Christen engagieren sich bei Greenpeace, in Flüchtlingsinitiativen und Politik, sie gründen Einkaufsgenossenschaften, ermöglichen Mikrokredite, entwickeln Netze der Palliativcare mit, wirken in Hospizgruppen mit. All dies ist in Bild 2 nicht im Blickfeld. Ebenso bleibt das, was in kirchlichen Schulen oder in Caritas und Diakonie Leben, Beziehung und Dienst ausmacht, unsichtbar. Was früher nicht „kirchlich" sichtbar war, war „draußen". Und nun? Die Kategorie ist verfehlt. Es gibt kein drinnen und draußen, weil die Gemeinde Gottes eher wie „die Seele der Welt" (so im Diognetbrief aus den ersten Jahrhunderten) wirkt, also eher „unsichtbar" aber nicht weniger real an ihren Wirkungen entdeckbar ist. Dies ist ekklesiologisch noch auszuleuchten.

---

14 Vgl. dazu meinen fragmentarischen ersten Beschreibungsversuch: Christian Hennecke, Eine Über-setzung im Übergang – Citypastoral im Wandel ekklesialer Paradigmen, in: Lebendiges Zeugnis 71 (2016), 112–122.

In Bild 4 bleibt also eine Ambivalenz. Man könnte es als „Reload" von Bild 2 auffassen. Dann würde man hier Kirche und Gabenorientierung zähmen und eingrenzen in eine „Gestalt" der Gemeindekirche, die aber nicht mehr passend ist zu den Standards der „Freien": der begabten Christinnen und Christen, die die Kirche sind. Man könnte aber auch einen Schritt der Kirchenentwicklung weitergehen – und die Auflösung der Grenzen begrüßen: dass nämlich alle, die den Geist Christi haben („Spiritus Christi habentes" – LG 14), von diesem Geist angeführt, die Sendung Christi weiterführen und so – an ihren jeweils entdeckten Orten – „Zeichen und Werkzeug" (LG 1) und also Sakrament des Reiches Gottes sind.

Dass so etwas „passiert" ist, wird deutlich in der veränderten „Rollenzuschreibung" des Pfarrers und seiner Mitarbeiter. Man findet sie „in der Mitte" des Bildes zusammen mit anderen Akteuren. Was ist offensichtlich ihre Aufgabe? Es geht um den Anfang einer Synodalität, einer wahrnehmenden Unterscheidung der Geister: wenn das Evangelium sich so ausbreitet, in den Gaben der Christinnen und Christen, die so – in ihrer Weise – die Sendung der Kirche realisieren, dann braucht es immer wieder das „Feedback", das Hinhören auf die Zeichen der Zeit, das Hinhören auf das Evangelium, um „in der Spur des Evangeliums zu bleiben". Das gelingt aber nur als Akt freier Synodalität, die hier gerade eingeführt wird.

In der Tat ändert sich damit die Rolle der Hauptberuflichen. Sie sind nicht die Steuermänner und -frauen, sondern die ErmöglicherInnen, ModeratorInnen und InspiratorInnen dieser Prozesse, also im Dienst an der Begleitung und Unterstützung für die reichen und vielfältigen Gaben Gottes, die in der Einheit Christi gesammelt sind. Und insofern wächst hier eine völlig anders geartete Verantwortung für die Kirche Gottes: es gilt, sie in der Einheit zu wahren, die ihr geschenkt ist. Wie dies ausgefaltet werden müsste, gehört zu der theologischen Agenda dieses Buches.

Folgen der Gabenorientierung: ein erster Blick
auf Sakramentalität, Ekklesiogenesis und
die Notwendigkeit synodaler Ortskirchlichkeit

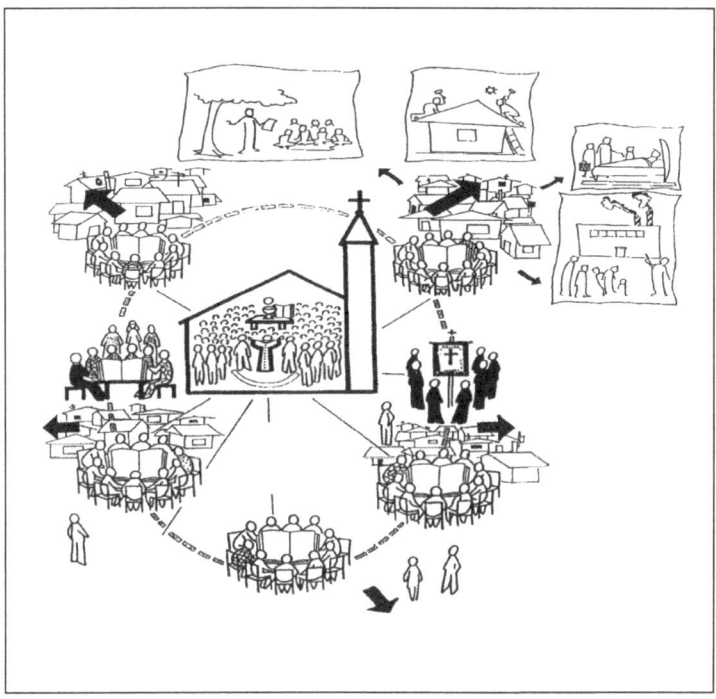

Was in Bild 4 merkwürdig leer bleibt, ist die Mitte – die „umfasste Kirche" (wir reden ungern von der verfassten Kirche). Die sichtbare Veränderung ist die „Mitte" dieses Entwicklungsweges der Kirche, wie sie in augenscheinlich modernen Kontexten imaginiert und symbolisiert wird: die Kirche ist voller Menschen, die sich um die Eucharistie versammeln. Überhaupt ist auffällig, dass hier die Gemeinde Christi gewachsen ist, ihre Horizonte überschritten hat und auf dem Weg einer entschiedenen Dezentralisierung ist: Kirche wird geboren – an unterschiedlichen Orten, bekannten (wie die Verbandsgruppe) und neuen (an den Orten, wo Menschen leben und arbeiten): Mit Recht könnte man von Ekklesiogenesis sprechen.

Und schließlich findet eine folgenreiche Verschiebung statt: In der Mitte standen häufig die Hauptberuflichen, alleine, im

Team oder auch im synodalen Prozess. Das ist nun anders. Zum einen spielt das Zusammenkommen der Vielen mit dem Team des Pfarrers eine große Rolle. Hier geht es um Vernetzung und um einen Ort der Richtungsfindung. Aber das ist nicht die Mitte – die Mitte ist die Eucharistie, die Mitte ist (dezentral) das Wort Gottes. Natürlich werden hier Bilder wach. Geht es um den „Besuch der Messe", auf den doch alles wieder hinausläuft? Geht es um das Lesen der Bibel in Stuhlkreisen, das Bibelteilen-, wie es als Horrorvision aus den 90er Jahren überkommt und erlebt wurde? Da würden Bilder und Erfahrungen leiten, die zu sehr die eigene Vision eingrenzen. Es ist zuzugestehen, dass hier die Grenze der Entwicklungsbilder liegt, die in anderen Kultur- und Entwicklungskontexten entstanden sind. Sie bilden nicht eine reflektierte Moderne oder Postmoderne ab, sondern eine tendenziell moderne Konstellation. Aber versuchen wir uns dieser Mitte einmal aus unserer Perspektive zu nähern.

Dann verweist die volle Mitte auf die sakramentale Dimension einer neuen und dynamischen postmodernen Kirchenerfahrung. Diese sakramentale Dimension antwortet auf mindestens drei Horizonte und Herausforderungen, die mit einer radikalen Umformatierung des Kirchenverständnisses aus der Gabenorientierung gegeben sind.

Zunächst stellt sich die Frage, wie die innere Einheit, die geschenkte Einheit im Geiste Christi immer wieder neu gestärkt und geschenkt werden kann. Dafür stehen Eucharistie und Wort. Sie sind „Mittel" und „gottvolle Werkzeuge" für die herausfordernden Aufbrüche in die Sendung. Es ist erfahrbar, dass Menschen dort, wo sie sich vom Geist mitreißen lassen und ihre Gaben „zum Nutzen anderer" einbringen, einen neuen „Hunger" entwickeln, eine „Sehnsucht" nach Fülle, die sie sich selbst nicht erfüllen können.

Genau hier geht es um „Wort" und „Sakrament". Wie können Menschen eintreten in die „Logik", den „Logos" des Evangeliums, wie können sie dem Geheimnis ihrer Gabe begegnen, dem Geber aller Gaben? Wie können sie Gott danken und ihn preisen angesichts der Fruchtbarkeit oder des Scheiterns ihres Dienstes?

Es geht um Liturgie, um gottesdienstliche Formen, die der Wirklichkeit entsprechen, die gelebt werden. Die Formen mögen unterschiedlich sein – und in einer postmodernen Welt braucht es eine variantenreiche Vielfalt von Gottesdienstformen und Liturgien (die es aber gibt oder die man entwickeln kann), die den Weg der Menschen und ihrer Sendung begleiten. Dabei wird das „Wort Gottes", der Transponder der „Logik des Evangeliums", eine wichtige Rolle spielen. „Bibelteilen" recht verstanden ist deswegen ja auch keine „Methode der sieben Schritte", sondern zielt auf den Ermöglichungsraum dieser Begegnung mit jenem Wort, das Leben ist – mit welcher Methode auch immer. Wer dies erfahren hat, für den wird der Umgang mit der Schrift neu.[15] Das ist weiter zu bedenken.

So heißt das zweite Stichwort, das dieses Bild prägt, Ekklesiogenesis: es ist überraschend, aber vielleicht auch nicht, dass sich nicht selten und auch nicht zwingend neue Formen von „Communitys" bilden, die um Orte gelebter Sendung wachsen. Allerdings sind diese neuen Formen nicht „einheitlich", sondern vielfältige und fluide Ausdrucksformen gelebter Gemeinschaft, im Werden wie im Sterben, in beständiger Entwicklungsdynamik. Auch dies ist nicht neu – es ereignet sich genau dann und dort, wo Menschen – ihren Gaben vertrauend – sich auf den Weg machen. Oft werden sie dieser Erfahrungen aber nicht ansichtig, weil sie nicht in scheinbar genormte Wahrnehmungen der Kirchlichkeit passen – oder auch, weil im Blick auf die „Kirche" grundsätzlich die Institutionalität zu prägend ist. Aber für diese neuen Formen ist dies zunächst nicht nötig – sie sind einfach „creatura verbi", Frucht der Logik des Evangeliums, wie sie sich in den gelebten Gaben zeigt.

Dadurch werden aber die Institution, die Priester und Hauptberuflichen nicht überflüssig, ganz im Gegenteil. Sie braucht es im Blick auf die sichtbare Verbundenheit der Kirche, die sich synodal beschreiben lässt. Sie braucht es auch im Blick auf die „Sakramentalität": in der Erinnerung und Vergegenwärtigung,

---

15 Vgl. hierzu Christian Hennecke, Glänzende Aussichten. Wie Kirche über sich selbst hinauswächst, Münster 2011.

dass die Gaben und der Einsatz für das Reich Gottes nicht nur eingebunden sind in eine Gemeinschaft, die in ihrer Synodalität immer wieder neu sich am Maßstab der Zeichen der Zeit zu orientieren hat, die im Licht des Evangeliums zu deuten sind. Sie braucht es auch im Blick auf die Geschenkhaftigkeit der Gaben, der Gabe des Heiligen Geistes, die eint und vorantreibt. Insofern ergibt sich eine noch zu beschreibende „Kirchengestalt", die gewissermaßen das 5. Bild „umkonjugiert" auf neue gesellschaftliche Verhältnisse, wie sie die Postmoderne kennzeichnen.

Eine herausfordernde Agenda

Gabenorientierung schillert. Aber ihre Neuentdeckung reicht weit über eine neue Methode der Begeisterung von Ehrenamtlichen hinaus. Es geht eigentlich nicht mehr um Gabenseminare, sondern um eine Vision der Kirche für das 21. Jahrhundert. Es ist nicht so, dass hier ein großer Aufwand an Fantasie notwendig wäre – im Gegenteil: es braucht nur einen möglichst weiten und nüchternen Blick auf die Gegenwart. Denn es zeigt sich schon, was bald kommen wird. In vielfachen Pioniererfahrungen, in Aufbrüchen und Initiativen, in der Kategorialen Seelsorge, wie man es vielfach noch sagt, und auch in den Gemeinden. Was fehlt, ist eine orientierende und ermutigende Blicköffnung.

Wir sind durch die Entwicklungswege des Kircheseins gegangen, um den Horizont zu öffnen für diese Blickweitung und Bebilderung der Zukunft einer begabten Kirche. Dabei ergaben sich aber weitere Fragestellungen. Im Augenblick regt sich viel indirekter Widerstand gegen eine Kirche, die aus ihren Gaben lebt, die sich konfiguriert im Vollzug ihrer Sendung (die Anglikaner haben das glückliche Wort der „mission shaped church" geprägt).

Und dieser Widerstand ist oft unbestimmt, ahnt aber richtig, dass ein epochaler Umbruch der Kirche nahe ist – und wenig so sein wird wie vorher. Das macht Angst, die sich in Vermutungen artikuliert wie etwa: „Werden wir jetzt Freikir-

che?" – „Kommt jetzt ein neues ‚Eigenkirchenwesen'?" –
„Darf jeder und jede das tun, was er will?" – „Wird das eine
Kirche ohne Priester und Sakramente?"

Das ist ernst zu nehmen. Denn etwas Richtiges ist geahnt.
Mit dem Ausgangspunkt bei den Gaben der Christinnen und
Christen muss „der ganze Rest" neu bedacht werden. Es geht
hier eben darum, die Tradition des Evangeliums neu in unsere
Zeit zu inkulturieren.

Es überfordert den Rahmen dieses Buches, dies hier in Aus-
führlichkeit zu tun. Aber einige Skizzen sollen gewagt werden
und als Einladung zum ausführlichen Weiterdenken dienen. Es
geht deshalb in den folgenden Kapiteln um

– … eine kleine Relecture der Zeichen der Zeit im Blick auf
   die Gabenorientierung, um die neue „Kultur des Christseins" zu beschreiben, die als Entwicklungshorizont dient;
– … einen scharfen Blick auf die Ursprünge der Rede von Gaben und Charismen und ihre Entfaltung in der jüngeren
   kirchlichen Tradition, um festen Boden unter den Füßen zu
   haben und den genetischen Code der Gabenorientierung fassen zu können;
– … einen Blick auf die Potentialitäten der Gabenorientierung
   im Blick auf ein zukünftiges Werden der Kirche;
– … eine Neuformulierung des Kirchenverständnisses, das aus
   radikaler Gabenorientierung erwächst;
– … eine vorsichtige Annäherung an eine Neubeschreibung
   des hauptberuflichen und priesterlichen Dienstes und des
   Verständnisses von Leitung in einer reichen und bunten Ga-
   benkirche;
– … die Frage, wie Gaben und Berufung zusammenhängen
   und was hier Berufung in unterschiedlichen Kontexten
   meint;

Summa summarum – eine herausfordernde Agenda. In Skizzen. Als Einladung zum Dialog. Herzlich willkommen beim
Weiterlesen und zum weiteren Dialog.

2. Gabenorientierung ist Spitze ...
eines Eisbergs
Zu einem andrängenden Kulturwandel

Ein Plädoyer für Gabenorientierung muss sich entscheiden. Es kann funktionieren mit dem geheimen Wunsch, eine bestimmte Konfiguration, eine bestimmte Kultur des Kircheseins aufzuhübschen und attraktiver zu machen. Das funktioniert dann oft durch das Mittel der Gabenseminare. Und es funktioniert und verheißt hohes Interesse – bei allen Beteiligten. Denn zum einen bleibt die Rolle und Aufgabe der Hauptberuflichen intakt und im Takt: sie veranstalten eine Bildungsmaßnahme für vorhandene und werdende zukünftige Ehrenamtliche, die ja immer mangeln, und eröffnet ihnen einen neuen Horizont ihres Tuns. Wenn das gut geht, dann findet man genau die Richtigen für die wichtigen Aufgaben, die man mit ihnen zusammen angehen kann. Wenn es nicht gut geht, muss man sich überlegen, was man mit nicht passenden Gaben anfangen soll. Wenn es gar nicht gut geht, dann übergeht man die Ergebnisse und macht das nächste Programm auf.

Man sieht: es bleibt alles im Rahmen einer Vorstellung kirchlichen Lebens, die wir kennen und die nun weiterentwickelt wird. Natürlich wollen wir, dass die Getauften ihre Gaben einbringen, aber es gibt ja auch die Aufgaben. Es gibt eine Kür, es gibt eine Pflicht. Und wer soll dann die Pflichtaufgaben erfüllen? Es gibt kein Paradies der Gabenorientierung ohne den sauren Apfel der Pflichten, für die auch welche gefunden werden müssen.

So empfinden es aber nicht nur die Verantwortlichen. Denn das Gefüge unserer Kirchenlandschaft ist gut durchprägt. In jeder Pfarrgemeinde, in der wir in den letzten Monaten unterwegs waren, brannten mehrere Themen regelmäßig: es werden weniger Ehrenamtliche, es gibt weniger Gruppen, Kinder und Jugendliche. Und die Konsequenz ist dann, dass weniger Ehrenamtliche bis zur Überlastung mehrere Aufgaben wahrnehmen – und sich beschweren: „Könnten wird nicht eine neue

GemeindereferentIn bekommen?" Hier wird das grundlegende Verständnis der Kirche deutlich, das dann noch deutlicher formuliert wird, wenn dann jemand sagt: „Wir brauchen jemanden, der das kann, der inspiriert und da ist", und damit zugleich sagt, dass dies bestimmt niemand von den Leuten hier ist.

Das Erstaunen ist noch größer, wenn man dann verkünden darf, dass die Aufgaben des pastoralen Personals in größer werdenden pastoralen Räumen noch größer werden, bei gleichbleibendem Personalbestand – und man auf dem Weg einer anderen Kirchenkultur ist. Ungläubiges Staunen. Was verwunderlich ist. Denn die Christinnen und Christen haben in ihrem persönlichen Leben, in Familie und Beruf, schon lange diese Versorgungskultur hinter sich gelassen, sind dort von einer ganz anderen Kultur der Selbstverantwortung geprägt und haben in ihren Berufen mit komplexen Situationen zu tun, die sie ganz anders lösen. Sie leben wie selbstverständlich in einer Kultur des Empowerment, der Partizipation, der Selbstwirksamkeit und der lokalen und zugleich fluiden Solidaritäten.

Von den Freiheitsmöglichkeiten – jenseits der Rede vom neuen Ehrenamt

Was sich von innen, aus der Erfahrung des kirchlichen Systemgefüges heraus, als fortschreitende Dekonstruktion erfahren lässt, das führt zu einer eigenartigen Lebenssituation, die Rainer Bucher treffend mit dem Bild der Ruine beschrieben hat: „Das ehemals ausgesperrte oder nur konkret zugelassene Außen ist nun permanent sichtbar, es dringt ein und überhaupt dringt vieles ein. Das eröffnet Weite, was jene begrüßen, die sich immer schon eingesperrt fühlten, vermittelt aber auch Schutzlosigkeiten, was jene fürchten, die Schutz und Sicherheit suchten. Ruinen künden von vergangener Größe, schaffen aber auch eine Landschaft von unbestreitbarem Reiz, sie sind an ihrem alten Ort, kontextualisieren aber alles völlig neu. Es gibt manches vom Alten noch, aber es ist nicht mehr dasselbe, manches funktioniert noch …, aber nicht mehr wie früher …"[16]

In einer prekären und fluiden Welt, in einer Welt der Unsicherheiten und in einer Welt der weiten Möglichkeiten stellen sich zunächst ganz andere Fragen als die, ob ich mich in einer Kirchengemeinde engagieren sollte und wie ich dort meine Gaben einsetzen könnte.

Männer wie Frauen, Glaubenssucher wie engagierte Suchende und auch religiös Indifferente sind heute geprägt von einem beeindruckenden Bewusstsein ihrer Freiheitsmöglichkeiten. Und damit verbinden sich Ansprüche, Wünsche und Sehnsüchte, die Schritt für Schritt angegangen werden könnten. Biografisch lässt sich das sehr schön beschreiben an den Wegen junger Menschen, die aus katholischen Prägungen heraus nach dem Abitur etwa erst mal mit einer evangelikalen Theatergruppe ein Jahr lang durch (das katholische) Polen touren, um dann, zu Beginn des Studiums, in eine multikonfessionelle Wohngemeinschaft einzuziehen, die gleichzeitig Gebetskreis und Hauskirche ist. Wie dann dieser Weg weitergeht, ist nicht so einfach vorhersehbar und schon gar nicht steuerbar.

Und wenn katholische Christen am Sonntag lieber in die Freikirchliche Gemeinde gehen, weil sie sich dort besser spirituell genährt fühlen, wenn evangelische Christen Oblaten in katholischen Klöstern werden, dann wird einfach deutlich, dass hier bisherige Grenzen aufgelöst sind. Und vor allem: offensichtlich wissen viele sehr genau, was für sie gut ist, wie sie sich einbringen könnten, wofür sie sich einsetzen sollten – und suchen dabei innere berührende Erfahrungen.

Nun zeigt sich seit einiger Zeit, dass etwa klassische Kirchengemeinden wie auch Vereine und andere gewachsene Institutionen nicht mehr auf einen selbstverständlichen Nachwuchspool an Engagierten zurückgreifen können. Katholische

---

16 So treffend Rainer Bucher, Partizipative Kirche – Stationen eines weiten Weges, in: E. Kröger (Hg.), Wie lernt Kirche Partizipation?, Würzburg 2016, 59–69, 62.

Vereine erleben dramatisch, was das bedeutet. Hier wird in der Regel über „zu wenig" Ehrenamtliche geklagt, obwohl man zweierlei an dieser Stelle beachten muss. Zum einen haben sich wahrscheinlich noch nie so viele Christinnen und Christen innerhalb von Kirchengemeinden engagiert – zum anderen stimmt es einfach nicht, dass sich Menschen heute nicht mehr so oft engagieren. Genau das Gegenteil ist ja der Fall.

Was bedeutet deshalb die Klage einerseits, und was lehrt das massive – wenn man will – „ehrenamtliche" Engagement auch vieler Christinnen und Christen in unserer Gesellschaft andererseits?

Wenn sich so viele Menschen in der Kirche wie in der Gesellschaft heute engagieren, dann heißt das zunächst nichts anderes, als dass sie sich offensichtlich engagieren wollen. Es geschieht in der Regel nicht aufgabenorientiert, sondern aus selbstbestimmter Lust und Leidenschaft. Es geschieht aus Freiheit, aus eigener Entscheidung und mit einem häufig ausgereiften Sinn der Abwägung, im Wissen um die eigenen Fähigkeiten, die Lernlust und das investierbare Zeitbudget. Alle diese Menschen sind Freie, die frei wählen und abwählen, was sie tun wollen, was sie brauchen und wie lange sie das tun wollen.

Über eine solche Entwicklung nicht glücklich zu sein, wäre mehr als merkwürdig. Denn gerade dass Menschen auf der Suche nach der Fülle ihres Lebens sich einsetzen, sich geben, sich für andere einbringen – und das in so großer Zahl –, spricht eben nicht dafür, dass sie selbstbezogene Egoshooter wären, die sich für nichts mehr interessieren außer sich selbst und keine Verantwortung mehr für andere übernehmen wollen. Aber wer sich – wie Klaus Dörner – seit den 80er Jahren mit dem Aufkommen der unglaublich vielen Bürgerinitiativen, lokalen Engagements, Hospizvereine und Demenzgruppen beschäftigt,[17] wer die neuen Ansätze der nachbarschaftlichen *community buildings* und die beeindruckenden Erfahrungen von *commu-*

---

17 Vgl. Klaus Dörner, Leben und sterben wo ich hingehöre, Flensburg, ⁷2012.

nity organizing studiert, der wird so nicht reden können. Und gerade auch die unglaubliche engagierte Energie der Flüchtlingsinitiativen und das überwältigende Engagement von Menschen aller Altersgruppen macht etwas von der Kultur deutlich, die gewachsen ist – und die auch hinter jeder Rede von der Gabenorientierung steckt.

Menschen wissen in der Regel „von innen", wo sie sich in aller Freiheit engagieren wollen und werden. Sie wissen, wie sie sich engagieren wollen, welche Gabe sie einbringen wollen, um anderen zu nützen. Sie haben auch den Anspruch selbstwirksamer Mitwirkung, Mitgestaltung und Mitentscheidung. Sie wissen auch, was sie lernen wollen, damit sie einen Dienst ausfüllen können. Wie beeindruckend ist in diesem Zusammenhang gerade auch das Engagement jener, die sich in umfangreiche Ausbildungskurse etwa in Hospizvereinen einbringen.

In all dem wird sichtbar, dass umfassende Partizipation, in ihren Rechten und Pflichten, zum Standard des freien Engagements gehört.[18] Die eigene Suche, die eigene Mitwirkung, das eigene Engagement wird immer wieder validiert und auf den Prüfstand gestellt. Gleichzeitig wird durch diesen Wunsch nach Engagement für andere ein Gewinn für die eigene Lebenswirklichkeit erwartet, ein Gewinn an Leben.

Hilfestellung ist hier durchaus erwünscht, wie funktionierende Ehrenamtlichenagenturen ja bestätigen. Und auch die Möglichkeit des Kompetenzgewinns wird in angemessenen ermöglichenden Lernsettings gerne angenommen, sogar oft mit hohem zeitlichem (und manchmal auch geldlichem) Einsatz.

Hier wächst eine Kultur der Teilhabe und Teilgabe heran, eine Kultur der Selbstbestimmtheit, die doch, so könnte man sagen, dem doch sehr entspricht, was die angestrebte Entwicklung des Menschen und des Christen eigentlich will: mensch-

---

18 Vgl. hierzu umfassend den Sammelband von Elisa Kröger (Hg.), Wie lernt Kirche Partizipation? Theologische Reflexion und praktische Erfahrungen, Würzburg 2016, der das Thema Partizipation weit über den kirchlichen Horizont hinaus entfaltet.

liche und christliche Reife, die sich in der Gabe und Hingabe für andere verwirklicht.

Eine neue Kultur der Partizipation entdecken

„Im Glauben daran, dass es vom Geist des Herrn geführt wird, der den Erdkreis erfüllt, bemüht sich das Volk Gottes, in den Ereignissen, Bedürfnissen und Wünschen, die es zusammen mit den übrigen Menschen unserer Zeit teilt, zu unterscheiden, was darin wahre Zeichen der Gegenwart oder der Absicht Gottes sind" (Gaudium et Spes 11).

Von dem beschreibbaren Horizont der gesellschaftlichen Transformationen braucht es auch eine „Umkehrung" der kirchlichen Kultur. Das ist geradezu die zentrale Herausforderung, vor der wir als Kirche stehen – vor allem, weil genau diese Entwicklungen neu das „Eigene" in den Blick rücken, in ein neues Licht, dass wir vielleicht wieder entdecken können.

Vor allem und zuerst beschreibt das Konzilsdokument *Gaudium et Spes*, dass die Grenzen zwischen Welt und Kirche sehr genau anzuschauen sind. Denn es gibt nur die eine Welt, es gibt nur die eine Wirklichkeit, in der die Menschen (und also auch die Christinnen und Christen) leben. Es ist diese Welt mit ihren Freuden und Ängsten, Hoffnungen und Trauer, die alle Menschen teilen. Wenn dies, im Anschluss an *Gaudium et Spes 1* die Grundwirklichkeit ist, formuliert das Konzil zugleich mit, dass es in dieser einen Wirklichkeit die Dynamik der dienenden Kenosis und Proexistenz christlicher Prägung gibt, die dann die Dynamik der Sendung Christi fortsetzt und vergegenwärtigt. Aber gleichzeitig ist diese Zugehörigkeit der Christen zur Welt mit einer bestimmten Entdeckungslogik verknüpft. Im Modus einer geistlichen Unterscheidung – wie GS 11 es beschreibt – geht es darum, der Zukunft treu zu bleiben: dem Geist Christi, seiner unfassbaren orientierenden Gegenwart, die die Welt und die Menschen „in die ganze Wahrheit einführt" (Vgl. Joh 16,13).

So bleiben die Wirklichkeit und Entwicklung dieser Welt immer in der Ambivalenz von Schatten und Licht, doch zugleich werden sie so durchsichtig auf den unbeirrbaren Weg, den Gott mit der Menschheit geht. Und auf diese Weise kann sich die Kirche, das Volk Gottes, auch nicht anders verstehen als lernender Leib Christi, der nur so immer mehr seine Sendung erfüllen kann. Damit kehrt sich das Verhältnis von Kirche und Welt geradezu um. Nur als „Welt-lernende" kann die Kirche die neue Wirklichkeit der Welt im Licht des Evangeliums und in der Gegenwart des Geistes als Weg zur Fülle des Lebens sehen. Dabei verändert sie sich selbst – denn sie versteht ihre Botschaft selbst noch einmal neu:

„Es ist jedoch Aufgabe des gesamten Gottesvolkes ..., unter dem Beistand des Heiligen Geistes auf die verschiedenen Sprachen unserer Zeit zu hören, sie zu unterscheiden, zu deuten und im Licht des Gotteswortes zu beurteilen, damit die geoffenbarte Wahrheit immer tiefer erfasst, besser verstanden und passender verkündet werden kann" (GS 44).[19]

Und damit gilt auch für heute: *„Von Beginn ihrer Geschichte an hat sie gelernt, die Botschaft Christi in der Vorstellungswelt und Sprache der verschiedenen Völker auszusagen ... Diese in diesem Sinne angepasste Verkündigung des geoffenbarten Wortes muß ein Gesetz aller Evangelisation bleiben. Denn so wird in jedem Volk die Fähigkeit, die Botschaft Christi auf eigene Weise auszusagen, entwickelt und zugleich der lebhafte Austausch zwischen der Kirche und den verschiedenen nationalen Kulturen gefördert"* (GS 44).

Was heißt das konkret für unseren Horizont eines andrängenden Kulturwandels? Er ist mit allen Konsequenzen zu „lernen". Wichtig ist hier vor allem, dass angesichts der Ambivalenzen die gerne genutzte Figur einer Gesellschaftskritik Anwendung findet, die die „Säkularisierung" und „Verweltlichung" (und schlimmer) anklagt. Das ist einerseits banal, andererseits hochriskant. Denn möglicherweise übersieht man dabei, dass wir in dieser unseren ambivalenten Welt (von der

---

19 Vgl. dazu die Arbeit von Matthias Sellmann, Zuhören – Austauschen – Vorschlagen: Entdeckungen pastoraltheologischer Milieuforschung, Würzburg 2012.

unsere Zeitgenossen ebenso wissen wie Christinnen und Christen) auf dem Weg einer tieferen Entdeckung des Reiches Gottes und der Botschaft des Evangeliums sind – auf eine andere, „nichtreligiöse" Weise, aber dafür „inkarniert" und „inkulturiert" das Christentum neu zu entdecken.[20] Meister einer solchen Hermeneutik, die aus den Erfahrungen schöpft, die die Kirche besonders in Lateinamerika macht, ist Papst Franziskus. Ihm kann man zuhören, wenn er schreibt: *„Wir müssen die Stadt von einer kontemplativen Sicht her, das heißt mit einem Blick des Glaubens erkennen, der jenen Gott entdeckt, der in ihren Häusern, auf ihren Straßen und auf ihren Plätzen wohnt. Die Gegenwart Gottes begleitet die aufrichtige Suche, die Einzelne und Gruppen vollziehen, um Halt und Sinn für ihr Leben zu finden. Er lebt unter den Bürgern und fördert die Solidarität, die Brüderlichkeit und das Verlangen nach dem Guten, nach Wahrheit und Gerechtigkeit. Diese Gegenwart muss nicht hergestellt, sondern entdeckt, enthüllt werden. Gott verbirgt sich nicht vor denen, die ihn mit ehrlichem Herzen suchen, auch wenn sie das tastend, auf unsichere und weitschweifige Weise, tun"* (EG 71).

Und er ist es, der den Weg andeutet, in dem diese Entdeckung fruchtbar gemacht werden kann: *„Die Synode hat festgestellt, dass heute die Verwandlungen dieser großen Gebiete und die Kultur, in der sie ihren Ausdruck finden, ein vorzüglicher Ort für die neue Evangelisierung sind. Das erfordert, neuartige Räume für Gebet und Gemeinschaft zu erfinden, die für die Stadtbevölkerungen anziehender und bedeutungsvoller sind. Aufgrund des Einflusses der Massenkommunikationsmittel sind die ländlichen Bereiche von diesen kulturellen Verwandlungen, die auch bedeutsame Veränderungen in ihrer Lebens-*

---

20 Denn das war ja die noch nicht hinreichend ausgefaltete These Dietrich Bonhoeffers, der sich des Zeitenwechsels schon sehr prophetisch bewusst war, besonders in seinen letzten Lebensjahren. Vgl. besonders D. Bonhoeffer, Ethik, DBW 6, Gütersloh und seine Briefe aus der Haft, D. Bonhoeffer, Widerstand und Ergebung, DBW 10, Gütersloh, 1998. Vgl. dazu meinen Versuch: Christian Hennecke, „Frühe Propheten – Frühe Visionäre", in: „Kirche steht Kopf", Münster 2016.

weise bewirken, nicht ausgenommen. Das macht eine Evangelisierung nötig, welche die neuen Formen, mit Gott, mit den anderen und mit der Umgebung in Beziehung zu treten, erleuchtet und die grundlegenden Werte wachruft. Es ist notwendig, dorthin zu gelangen, wo die neuen Geschichten und Paradigmen entstehen, und mit dem Wort Jesu den innersten Kern der Seele der Städte zu erreichen" (EG 74).

Auf diesem Weg wird – und das ist keine Überraschung – all das, was in den Transformationsprozessen der Kultur relevant wird, zum Ort der Neuentdeckung der eigenen Botschaft. Vielleicht gilt das in unserem Kontext besonders für das Verständnis der Partizipation. Matthias Sellmann hat in einem beeindruckenden Aufsatz die Horizonte für ein Neuverständnis der Partizipation im christlichen Horizont ausgeleuchtet.[21] Und es wird deutlich, dass die Standards der gesellschaftlich relevanten Partizipationsstile sich als Lernprozess einschreiben lassen in das Evangelium und das kirchliche Leben. Partizipation ist für die Zukunft ein wesentlicher Standard für kirchliche Entwicklungsprozesse, wo es darum geht, Leitung und Autorität als Garant und Ermöglicher ihrer Selbstwirksamkeit zu verstehen (und damit das klassische Verhältnis der Teilgabe und Erlaubnis zur Partizipation neu zu formulieren im Blick auf einen radikalen [sakramentalen] Dienst); wo es darum geht, auf Augenhöhe und gleichberechtigt Teilhabe zu leben (mit allen herausfordernden Konsequenzen, die theologisch ausgelotet zu werden verdienen); wo es darum geht, das Evangelium mit dem eigenen Leben auch auf neue Weise zu erzählen (und damit der Logik der Apostelgeschichte mehr zu folgen als einer verengten „katholikalen" Version des Ursprungs)[22]; wo es darum geht, seine Gaben einzubringen zum Wohl anderer und Neues zu schaffen. Das wird noch konkreter zu bedenken sein.

---

21 Vgl. Matthias Sellmann, Wie lernt Kirche Partizipation – und vom wem? Kirchenentwicklung als Ausdruck von Gesellschaftsentwicklung, in: Elisa Kröger (Hg.), Wie lernt Kirche Partizipation, a. a. O., 404–422.
22 Vgl. ebd., 419–422.

Gabenorientierung als Eisbergspitze einer neuen kirchlichen Kultur

An einer Stelle allerdings möchten wir gerne die Überlegungen Sellmanns vorsichtig ergänzen. Und hier geht es genau um die Frage, ob denn auch theologisch der Partizipationsbegriff Widerhall in der christlichen Botschaft und der Ekklesiopraxis finden kann.

Zunächst – und mit Sellmann – kann man den Verweis darauf, dass Kirche ja keine Demokratie sei und deswegen Partizipationsrechte in der Kirche anders gestaltet seien (meist im Blick auf die Stabilisierung hierarchischer Verhältnisse) als untheologisch zurückweisen.[23] Wer nur auf eine seit dem I. Vatikanum überzogene Hierarchisierung kirchlicher Autoritätsverhältnisse rekurriert, sieht nicht das Ganze der kirchlichen Tradition und vor allem nicht ihr Fundament. Die überzogene Hierarchisierung machte ja das Volk Gottes zu einem passiven und hörenden Objekt des Lehrens und Handelns der kirchlichen Hierarchie. Nun braucht dies eine lange Zeit der Überwindung – aber vielleicht sind wir endlich angekommen, die im II. Vatikanum wieder ins Licht gerückte Subjekthaftigkeit des Volkes Gottes auch konkret auszugestalten. Denn wenn von der Würde der Taufe, wenn vom gemeinsamen Priestertum aller Getauften gesprochen wird, wenn das sakramentale Amt deutlich als ermöglichender Dienst am und im Volk Gottes gesehen wird, setzt dies ein theologisch gegründetes Partizipationsverständnis voraus.

Es ist die Rede von der „participatio actuosa", die – so die Liturgiekonstitution Sacrosanctum Concilium 14 – wesenhaft der Taufwürde eingeschrieben ist: *„Die Mutter Kirche wünscht sehr, alle Gläubigen möchten zu der vollen, bewußten und tä-*

---

23 Es könnte sogar sein, dass die Praxis in kirchlichen und institutionellen Kontexten diesen Vorwurf erst generiert und dann unfairerweise auf das christliche Volk projiziert – und das Ganze mehr über die Kultur der Entscheidungsfindung in hierarchischen Kreisen aussagt, als den Anklägern hier selbst deutlich wird. Ein Schauspiel in dieser Richtung war ja die letzte Familiensynode.

tigen Teilnahme an den liturgischen Feiern geführt werden, wie sie das Wesen der Liturgie selbst verlangt und zu der das christliche Volk, ,das auserwählte Geschlecht, das königliche Priestertum, der heilige Stamm, das Eigentumsvolk" (1 Petr 2,9; vgl. 2,4–5) kraft der Taufe berechtigt und verpflichtet ist."

Partizipation ist hier für den liturgischen Bereich beschrieben, aber gerade in der Liturgie verdichtet sich ein Grundverständnis christlichen Lebens, das relevant ist für alle Lebensbereiche. Und das hat zentral mit der Offenbarung zu tun: sie ist ein Partizipationsprozess par excellence: Gott gibt uns Teil an seinem Leben, damit wir sein Leben leben und – in seiner Sendung – teilhaben und teilgeben aneinander und an allem, was ist. Deswegen ist Partizipation „Grundwert" jeder kirchlichen Entwicklung. Mit den Worten von Estela Padilla, die den Weg des philippinischen Pastoralinstituts Bukal Ng Tipan kommentiert: „Wir in Bukal glauben an die Vision einer partizipativen Kirche. Eine partizipative Kirche hat für uns drei wesentliche Aspekte: Teilhabe am Leben Gottes, gegenseitige Teilhabe am Leben der/des anderen und Teilhabe am Leben der Welt. Wir alle sind gerufen – und haben das Privileg – am Leben Gottes teilzuhaben: für uns ist das Freude und zugleich Stärkung. Als Christen sind wir auch zur gegenseitigen Teilhabe und -gabe gerufen. Christ oder Christin zu sein bedeutet ja, unseren Glauben in Gemeinschaft zu leben. Mehr noch, wir sind eine Gemeinschaft, die gerufen ist, dem anderen zu dienen, besonders den Armen und Benachteiligten. Getauft sein bedeutet den Ruf in eine Sendung. Und die Teilhabe am Leben der Welt ist deshalb wichtig, weil die Sendung durch und in der Welt ihre konkrete Gestalt bekommt …"[24]

Partizipation wird also zum Wasserzeichen der neuen kirchlichen Kultur, die – im Wehen des Geistes – auch die ganze Welt in Bewegung gebracht hat.

---

24 Estela Padilla, Partizipation wird zu einer Kultur, in: Elisa Kröger, a.a.O., 311–330, 317.

Und hier kommt dann auch die Gabenorientierung zu stehen. Sellmann macht in seinem schon genannten Beitrag darauf mit Recht aufmerksam, wie sehr wir als Kirche hier lernend von den Erfahrungen anderer begreifen können, worum es uns nicht nur gehen kann, wenn wir „relevant" bleiben wollen, sondern worum es uns gehen muss – weil Partizipation ein theologischer Grundwert ist, in dessen Dienst alle Strukturen und heilige Ämter stehen: „Die Lernchancen ... liegen in der Adaption aller bürgergesellschaftlichen Erkenntnisse über Ehrenamtsmanagement, Corporate Volunteering oder bürgerschaftliche Engagementsteuerung. Kirchliche Organisationen sollen an Professionalität und Präzision ihren nicht-kirchlichen Partnern vergleichbar sein."[25]

Aber was genau heißt hier professionell? Es geht eben nicht darum, durch Gabentests neue Ehrenamtliche für eine vorgegebene Aufgabenstruktur zu finden, sondern um „eine Form der Bereitstellung von Partizipationsstruktur, keine gnädige Gewährung von Teilhaberechten oder gar eine spirituelle Verschnörkelung der Tatsache, dass Ehrenamtliche in die Lücke fehlender Hauptamtlicher stoßen mögen ..."[26]

Gut gebrüllt, möchte man sagen. Aber es geht dann doch noch um mehr. Wenn unter den Stichworten der Freiheit und der Selbstwirksamkeit Menschen – vielleicht auch mit Hilfe einer ermöglichenden Partizipationsstruktur – ihre Gaben und Talente einbringen können und wollen, dann geschieht eben nicht nur eine geistgewirkte Transformation kirchlicher Gefüge, dann wird in der Tat neu zu gründen und zu beschreiben sein, was Kirche eigentlich meint. Denn: es zeigt sich schon, dass dann, wenn diese ermöglichende Unterstützung in Gang kommt, an ganz neuen Orten Kirche wird – Neues wächst, Neues gegründet wird. Partizipation im Kontext der Gabenorientierung wäre der „Startpunkt für Innovation" als Grundkultur.[27]

25 Matthias Sellmann, a. a. O., 421.
26 Ebd.
27 Ebd., 422.

Das gilt dann aber in einer doppelten Hinsicht: nach innen – und das reflektiert Sellmann in seinem Beitrag – wären dann die vielen Kompetenzen der Christen partizipativ einzuspielen. Das beginnt mit der Frage nach neuen Gremienmodellen und führt schließlich auch in den Bereich der Marktforschung und der Erkenntnisse derjenigen, die im Marketing unterwegs sind: war nicht radikale Adressatenorientierung der Grund der Inkarnation? Damit wäre aber die Tiefe des Volk-Gottes-Verständnisses erreicht, die das Konzil der Kirche eingeschrieben hat.

Aber vor allem gilt dies in einer Neubewertung der Frage, ob Gabenorientierung nicht auch zu einem neuen Verständnis von Ekklesiogenesis führt, insofern hier ja Menschen mit ihren Gaben, die sie in den Dienst zum Nutzen anderer einsetzen wollen, auch neue *community*-Wirklichkeiten schaffen, die „außerhalb" der Kirche ins Leben kommen. Über den Kirchenbegriff und die Dynamik des Reiches Gottes wird noch nachzudenken sein.

All dies ist im Folgenden weiter auszuleuchten.

3. Gabenorientiert von Anfang an – Der genetische Code des Christseins und der Kirche

„Die Charismen sind Gaben des Heiligen Geistes, und der hat, glaubt man der Pfingstgeschichte, mindestens drei verstörende Eigenschaften: Er weht, wo er will, er hat ein ausgesprochen freies Verhältnis zu Institutionen, Grenzen und Regeln und man erkennt ihn am ehesten an seinen Wirkungen. Ob man es ernst meint mit der Gabenorientierung, das wird man also daran erkennen, ob sich an unserer kirchlichen Pastoral wirklich substanziell etwas ändert oder ob alles bleibt, wie es ist", so sagt es Rainer Bucher prägnant.[28] Und damit sind wir mitten

---

28 Rainer Bucher, Aufmerksamkeit, Demut und Ermutigung und Vertrauen. Ein Interview, in: Unsere Seelsorge, Themenheft Charismenorientierung, Münster 2015, 8–11.

in der Diskussion. Denn das Problem könnte ja sein, dass die Gaben des Heiligen Geistes unser Verständnis von Christsein und Kirche weiten, uns neu herausfordern im Blick auf das Verstehen von Leitung, Eucharistie, Gemeinschaft und von der Sendung, zu der das Evangelium aufruft.

Hier soll also der Versuch einer Relecture des Ursprungs unternommen werden und ausgehend vom biblischen Befund und seiner Rezeption in der jüngeren kirchlichen Tradition die Höhe, Weite und Tiefe des Feldes der Gabenorientierung und also auch der Charismen in den Blick genommen werden.

Biblische Orientierungen vom neuen Anfang

Am Anfang steht ein Seufzer. Ein Seufzer des Mose. Was war passiert? Mose steht unter gewaltigen Stress. Grund ist das widerborstig-depressive Volk, das Mose führen soll. Immer ist es nicht recht. Klagen und Murren allenthalben. Mose verliert die Contenance: „Ich kann dieses ganze Volk nicht allein tragen, es ist mir zu schwer. Wenn du mich so behandelst, dann bring mich lieber gleich um, wenn ich überhaupt deine Gnade gefunden habe. Ich will mein Elend nicht mehr ansehen" (Num 11,14 f). Gott findet eine Lösung für seinen überlasteten Anführer. Zum einen wendet er sich wild schimpfend an das Volk (Gott kann ganz schön griffig sein – vgl. Num 11,18–20), aber er sorgt sich auch um Mose und will von Seinem göttlichen Geist teilgeben an 70 Ausgewählte. Und nun geschieht es aber, dass zwei der Auserwählten im Lager bleiben und nicht im Offenbarungszelt antreten. Und trotzdem empfangen auch sie den Geist. Josua petzt: „Mose, mein Herr, hindere sie daran ..." Aber Mose seufzt, man kann ihn durch die ganze Schrift hören: „Willst du dich für mich ereifern? Wenn nur das ganze Volk des Herrn zu Propheten würde, wenn nur der Herr seinen Geist auf sie alle legte!" (Num 11,29 f). Diese Verheißung zieht durch das Alte Testament, als Gabe einer Zukunft in der Gegenwart Gottes. Der Prophet Ezechiel wird zum Hervorsager dieser Wirklichkeit: „Ich lege meinen Geist in euch und bewirke, dass ihr meinen Gesetzen folgt und auf meine Gebote achtet ...“ (Ez 36,27); und der Prophet Joel sieht eine umfassende Geistausgießung hervor: „Danach aber wird es geschehen, dass ich meinen Geist ausgieße über alles Fleisch. Eure Söhne und Töchter werden Propheten sein und eure Alten werden Träume haben, und eure jungen Männer haben Visionen. Auch über Knechte und Mägde werde ich meinen Geist ausgießen in jenen Tagen“ (Joel 3,1f).

Die Universalität dieser Geistausgießung hat mehrere Kennzeichen: sie sprengt immer wieder Grenzen, die vorher gesetzt schienen. Bei Moses ist es der Ort, bei Ezechiel zeigt sich der Geist als „intimior intimus meo“ (innerer als mein Innerstes) und geht also über Äußeres, über Aufgaben und Gaben hinaus. Und bei Joel sprengt er auch die Grenzen des jüdischen Volkes und alle sozialen Unterschiede. Zugleich hat das immer auch einen Gemeinschaftsbezug. Es geht darum, dass das Volk Gottes als Ganzes seine Berufung und Sendung leben kann.

Dieses Grenzensprengende der Ausgießung des Geistes wird in der Erfahrung Jesu und der Apostel noch einmal deutlicher. Die Polyvalenz des Wehens des Geistes ist ja auch die erste Erfahrung Jesu. Denn vielleicht ist ja seine eigene Erfahrung mit dem Geist Gottes der Ausgangspunkt für seine wahrgenommene Universalität: als er bei der Taufe im Jordan jene lebenswendende Erfahrung des Geistes macht, die in den Evangelien so spannend beschrieben wird, wird ihm ja auch seine Sendung deutlich – eine Sendung, die dem Volk Gottes gilt. „Die Zeit ist erfüllt, das Reich Gottes ist nahe – kehrt um und glaubt an das Evangelium“ (Mk 1,15). Das ist mehr als die Ankündigung eines neuen Inhalts – es ist das Bewusstmachen einer neuen Wirklichkeit. Denn Jesus hat entdeckt, dass dieser Geist, der ihn erfüllt, schon für alle „da“ ist, die glauben, die sich auf Gottes Nähe einlassen. Und deswegen ist die Verkündigung des Evangeliums eher ein Offenbarmachen der großen Geisttat Gottes. Und was er selbst erfahren hat, das wird nun zur Ankündigung – auch an Nikodemus: er spricht von der Geistgeburt – seiner eigenen Erfahrung am Jordan: „Wundere dich nicht, dass ich dir sagte: Ihr müsst von neuem geboren werden. Der Wind weht, wo er will; du hörst sein Brausen, weißt aber nicht, woher er kommt und wohin er geht. So ist es mit jedem, der aus dem Geist geboren ist ..." (Joh 3,3,7 f).

Und genau diese unberechenbare Universalität des Kommens des Geistes, der „das Angesicht der Erde (!) erneuert", wie wir beten, wird am tiefsten im Geheimnis des Todes Jesu deutlich. Es ist zwar Johannes, der darauf besteht, dass die Geisterfülltheit auf Jesus beschränkt ist – aber gleichzeitig kündigt er auch eine universale Geistausgießung an: „Am letzten Tag des Festes, dem großen Tag, stellte sich Jesus hin und rief: Wer Durst hat, komme zu mir, und es trinke, wer an mich glaubt. Wie die Schrift sagt: ‚Aus seinem Innern werden Ströme von lebendigem Wasser fließen.' Damit meinte er den Geist, den alle empfangen sollten, die an ihn glauben" (Joh 7,37 f). Aber es ist eben auch Johannes, dessen Passionsbericht mit der Geistausgießung endet: „Es ist vollbracht! Und er neigte das Haupt und gab seinen Geist auf" (Joh 19,30).

Hier werden Erfahrungen reflektiert, die auch in den anderen Evangelien zu finden sind. Im Geheimnis des Todes, der Hingabe, „zerreißt der Vorhang im Tempel mitten entzwei", um zu beschreiben, dass die geistvolle Gegenwart Gottes nun nicht mehr an ein Volk und an einen Tempel gebunden ist, sondern geistvolle Wirklichkeit in der Welt.

Erste Erfahrungen mit dem Geist

Die verwandelnde Erfahrung von Pfingsten zeigt sehr exakt an, dass sich die Erfahrung Jesu überraschend und weitreichend vergegenwärtigt – und tendenziell universal wird. Zunächst und vor allem wird etwas von der Wirkkraft des Geistes deutlich, der „Taufe mit Geist und Feuer", die schon Johannes der Täufer in Jesus geahnt hatte. Denn was passiert? Aus desorientiert-ängstlichen Jüngern werden in der Kraft des Geistes Menschen, die um ihre Sendung wissen. Spannend: sie wussten sie auch schon vorher – der Auferstandene hatte sie ihnen mitgegeben, aber die Kraft dazu, diese Sendung auch ins

Leben zu bringen, der orientierende und bewusstmachende, die eigene Identität in dieser Sendung stärkende Impuls – das ist der Geist Gottes, der in der Tat „hineinführt in die Wahrheit", in die Fülle unseres Lebens.

So zeigt sich also pfingstlich das Wirken dieses Geistes darin, dass er zum einen völlig überraschend kommt, dass er dann aber orientiert und ausrichtet und diese Orientierung auch wirksam wird, ohne das andere erkennen könnten, welches diese treibende Kraft ist. Sie bringt Gaben ans Licht – wie etwa die Predigt- und Verkündigungsgabe des Petrus – und macht diese Gabe zum Ort und Raum der eigentlichen Gabe: denn dass die Herzen getroffen werden (vgl. Apg 2,37), das ist keineswegs aus dem Einsatz der Gabe der Verkündigung erklärbar. Damit wird deutlich, dass der Heilige Geist auch eine Brücke, einen Raum, eine Atmosphäre schafft, in der die Vergegenwärtigung göttlicher Kraft erfahrbar wird – und dass auf diese Weise Gemeinschaft entsteht, die ihrerseits dann auch in diese Logik hineingenommen ist.

Genauer noch: Schon die angekommene Verkündigung ist mehr als eine Information. Sie ist verwandelnd. Der Bericht der Apostelgeschichte ist mehr als präzise: *„Als sie das hörten, traf es sie mitten ins Herz, und sie sagten zu Petrus und den übrigen Aposteln: Was sollen wir tun, Brüder? ..."* *(Apg 2,37).* In dieser Frage liegt die ganze Verwandlung. Es ist klar, dass sich ein neuer Weg des Tuns eröffnet, eine neue Perspektive des Handelns sich auftut und zugleich eine Gemeinschaft in dieser Sendung entstanden ist. Für Petrus ist es offensichtlich normal, als „Bruder" von Menschen angesprochen zu werden – von Menschen, die er nicht kennt. Es ist durch den Geist eben ein anderer Wirklichkeitsraum offengelegt worden, so dass Petrus bestärkt: *„Kehrt um, und jeder von euch lasse sich auf den Namen Jesu Christi taufen zur Vergebung seiner Sünden; dann werdet ihr die Gabe des Heiligen Geistes empfangen. Denn euch und euren Kindern gilt die Verheißung und all denen in der Ferne, die der Herr unser Gott herbeirufen wird"* (Apg 2,38). Umkehr heißt ja, die Wirklichkeit als Raum des Geistes, der Gegenwart Gottes wahrzunehmen, des Immanuel – Gott mit uns. Und die Taufe ist dann Besiegelung dieser neuen Wirklichkeitswahrnehmung und eine innere Ausrichtung: denn nicht nur eine Gemeinschaft der Fremden ereignet sich, mit unvorstellbaren Konsequenzen (vgl. die Berichte der Apostelgeschichte), sondern diese Gemeinschaft ist ausgerichtet darauf, anderen in dieser geistvollen Wirklichkeit zu begegnen und so den Raum dieser Erfahrung auf alle Völker zu weiten.

Dabei wird eine bestimmte „geistvolle Ohnmacht" wirksam: denn einerseits ist durch den Geist die gabenvolle Energie bis zum höchsten aktiviert und wird in Leben und Begegnungen wirksam, andererseits ist das Ankommen dieser Energie im anderen der Macht der Gemeinschaft entzogen – und so ganz genau wissen sie auch nicht, was sie tun sollen, es sei denn, es spielt sich ihnen zu. Wenn also dann immer wieder in Summarien der Apostelgeschichte lapidar zusammengefasst wird: „Das Wort breitete sich aus", dann ist damit nichts anderes gemeint als jene Dynamik des Geistes in Menschen für Menschen, ihr folgenreicher Kairos der Begegnung und die erstaunliche, aber nicht ableitbare Wirkkraft[29] des Geistes.

Klar ist dann also, dass es hier nicht einen Masterplan zur Ausbreitung des Evangeliums und schon gar nicht der Kirche gab, sondern „nur" Grunderfahrungen und sich abzeichnende Grundhaltungen, die Räume schaffen, in denen das Evangelium überraschend ankommen kann („Das Wort breitete sich aus"), besser: seine Wirkungslogik und Wirkungsdynamik. Und diese Räume hängen damit zusammen, dass die ersten Christen eben nicht genau wissen, wie es geht – außer dass sie sich radikal einlassen auf den Moment, die Menschen und das „Wehen" des Geistes. Was daraus wächst, kann man „Eccle-

---

29 Inspirierend zu dieser Dynamik Michael Böhnke, (Weiter-)Bildungsbedarf aus der Sicht freiwillig Engagierter in Leitungsteams in der Diözese Aachen, in: E. Kröger (Hg.), Wie lernt Kirche Partizipation, Würzburg 2016, 169–182. Er verweist auf den Aufsatz von Reinhard Feiter, Praktische Pneumatologie (ebd. 172. Fn 3) und seine Relecture des Basler Moraltheologen Johannes Fischer.

sia" nennen, also Kirche als von Gott gesammelte Gemeinschaft.

Immer bleibt dieser Geist überraschend, immer ist er der Hauptakteur, sprengt andauernd Grenzen, fordert zum Neudenken heraus. So ist es etwa, als Petrus, inspiriert, aber unsicher, zum Römer Cornelius unterwegs ist, dort – noch vor der Taufe – die Herabkunft dieses Geistes erlebt und sein gesamtes Traditionsgebäude neu fassen muss. So ist es auch, als Paulus nach Europa übersetzt, so ist es immer wieder.

Der Geist und die Gaben

Organisationsmodelle und Strukturen der ersten Gemeinden von Christen gehen auf Paulus zurück – es erwies sich aufgrund des geistgewirkten Wachstums als notwendig. Aber Paulus musste darüber hinaus damit umgehen, dass sich durch die geisterfüllte Verkündigung eine unglaubliche Wirklichkeit ergeben hatte: Durch den Geist, der Menschen in Brüder und Schwestern verwandelt hatte, wuchs eine eigene Wirklichkeit von Gemeinschaft, die am Leben Gottes, an seinem Geist partizipierte. Was in der Taufe ratifiziert wurde, führt nun zu einem neuen Typ des Miteinanders: *„Es gibt nicht mehr Juden noch Griechen, nicht Sklaven und Freie, nicht Mann noch Frau; denn ihr seid alle ‚einer‘ in Christus Jesus"* (Gal 3,28). Das ist unerwartet und wirklich alle Grenzen sprengend, und Paulus hatte selbst seine liebe Mühe (und ist auch teilweise daran gescheitert), die damit verbundene radikale Umkehr im Denken, Leben und Sprengen der Kategorien seiner Zeit zu vollziehen, zu der er etwa im Römerbrief ermutigt: *„Angesichts des Erbarmens Gottes ermahne ich euch, meine Brüder, euch selbst als lebendiges und heiliges Opfer darzubringen, das Gott gefällt. Das ist für euch der wahre und angemessene Gottesdienst. Gleicht euch nicht dieser Welt an, sondern wandelt euch und erneuert euer Denken, damit ihr prüfen und erkennen könnt, was der Wille Gottes ist; was ihm gefällt, was gut und vollkommen ist"* (Röm 12,1–2).

In dieser herausfordernden Perspektive denkt Paulus nun über die Gaben und Charismen nach.[30] Söding formuliert knapp zum Auftakt: „… die Charismen sind getaufte Kompetenzen, die sich in den Dienst anderer stellen und dadurch die Kirche aufbauen."[31] Was so selbstverständlich ist, dem muss im Folgenden noch intensiver nachgegangen werden. Zum einen wird deutlich, dass die Rede von den Charismen nicht nur Gaben umfängt, die jemand dann aus charismatischem Recht in Anschlag bringt: „Ich habe ein Charisma – nun muss ich es auch einsetzen dürfen und ihr müsst das akzeptieren." Es geht hier offensichtlich um etwas ganz anderes, denn mit der Rede von den Charismen ist eine spezifische Dynamik des Geistes gemeint, die sich auf Gaben und Talente auswirkt. Noch mehr: „Teils handelt es sich um Talente, die einem in die Wiege gelegt, teils um Erfahrungen, die gemacht, um Techniken, die erlernt, um Haltungen, die eingeübt, um Stärken, die trainiert, um Tätigkeiten, die ausgeübt worden sind. Teils sind sie eine Mitgift der Gläubigen, die in der Kirche einen neuen Ort, eine neue Nachfrage und einen neuen Schwung gewinnt; teils entstehen sie erst in der Kirche durch die Begegnung mit Gott und der Kreativität des Glaubens. Sie sind Gaben des Heiligen Geistes, die zu Aufgaben in der Kirche werden; aber sie sind deshalb ebenso Gaben der Gläubigen, die ein Geschenk an die Kirche sind."[32]

Drei Aspekte rücken hier ins Licht. Wenn zum einen Charismen sowohl Gaben wie Kompetenzen wie Fertigkeiten sein können, dann beschreibt der Begriff mehr als einen Katalog von Gaben und Qualitäten, die erworben wurden und eingespielt werden. Es geht vielmehr darum, eine spezifische Komponente ins Licht zu rücken. Alle diese Gaben und Fertigkeiten werden nämlich durch den Geist gerichtet und

30 Wir folgen hier dem sehr inspirierenden Artikel von Thomas Söding, Taufe und Charisma, in: Seelsorgeamt Münster (Hg.), Unsere Seelsorge, a. a. O., 4–7.
31 Ebd., 5.
32 Ebd., 6.

orientiert – und sie werden wirksam in einem bestimmten Tun. Das geschieht eben nicht durch einen Anspruch, sondern durch eine Indienstnahme für einen weitaus größeren Zweck als nur den, dass diese Gabe jetzt endlich ausgelebt werden kann. Es geht um den Geist, der hier Menschen zusammenfügt zu einer Gemeinschaft, und es geht darum, dass diese Gemeinschaft die Sendung Jesu fortsetzt. Und deswegen gilt mit dem 1. Korintherbrief: *„Es gibt verschiedene Gnadengaben, aber nur den einen Geist. Es gibt verschiedene Dienste, aber nur den einen Herrn. Es gibt verschiedene Kräfte, die wirken, aber nur den einen Gott. Er bewirkt alles in allen. Jedem aber wird die Offenbarung des Geistes geschenkt, damit sie anderen nützt"* *(1 Kor 12,4–7).*

Damit sie anderen nützt. Das entscheidende Kriterium liegt also nicht darin, eine Gabe zu haben und sie deswegen zum Einsatz zu bringen. Es geht vielmehr um die – zutiefst relevante – Frage, ob sie anderen nützt. Das objektivierbare Kriterium – mit anderen Worten – ist nicht das Vorhandensein der Gabe, sondern ihr Nutzen.

Deswegen muss auch der Kontext bedacht werden. Nutzen meint ja hier nicht irgendeinen Nutzen, sondern es geht – so Paulus – um den Aufbau des Leibes Christi und also um das Werden und Leben der Sammlungsbewegung Gottes, in der alle – in ihrer Unterschiedlichkeit – verknüpft sind. Wir sind ja, so Paulus, Kirche, Leib Christi, durch die Taufe. Wir sind hier alle in einem Leib aufgenommen worden. Die Einheit, die Verbundenheit, ist Geschenk, das zu entdecken ist. Es entfaltet sich im Zueinander und Miteinander dieser Gaben, die alle das eine Ziel haben: die Gegenwart Christi und seine heilende Sendung leibhaft werden zu lassen: erfahrbar und spürbar – und zugleich eine Verbundenheit zu bezeugen.

Aber hier beginnen die Herausforderungen erst. Denn immer wenn wir von „Kirche" reden, immer wenn wir von einer notwendigen Orientierung an den Gaben des Heiligen Geistes sprechen, und immer wenn wir vom „Leib Christi" sprechen, in dem es unterschiedlichste Gaben und Charismen gibt, die sich ergänzen, sind wir in der Gefahr, eine bestimmte Form der Kirche zu meinen. Aber genau das scheint mir Paulus und mit ihm die ganze frühe Kirche nicht zu meinen. Es wäre deswegen viel zu kurz gesprungen, würden wir die Gaben auf eine bestimmte Gestalt der Kirche – etwa eine heutige Kirchengemeinde – fokussieren. So ist es nicht gemeint.

Für Paulus und die Apostel ist ja, wie wir gesehen haben, das Werden der Kirche ein ungeheuerliches Abenteuer. Von den Bildern ihrer Tradition müssen sie schon bald Abschied nehmen, denn das neue Volk Gottes, das der Geist sammelt, entstammt allen Völkern. Und schon in der Jerusalemer Urgemeinde hören wir davon, dass es unterschiedlich kulturell geprägte Gemeinden gab – und zwar auch deswegen, weil unterschiedliche Prägungen zu unterschiedlichen Ausgestaltungen des Lebens führten. Und so waren die Apostel eher Entdecker neuer Formen, die dann natürlich auch gestaltet wurden. Ihnen allen gemeinsam war, dass sie sich nicht als menschengemachte Vereine verstanden, als Interessengemeinschaften, sondern eben gottgeschenkte, gnadenhaft gewirkte Sammlungen von sehr unterschiedlichen Menschen, eben so, wie Paulus es beschreibt.

Es ist kein Zufall, dass die Rede vom Leib Christi auch das tiefste Geheimnis dieser Gemeinschaft bezeichnet: Es ist eine Gegenwart Christi – oder wie Dietrich Bonhoeffer einmal sagte: „Christus als Gemeinde existierend".

Überall also, wo der Geist Christi wirkt und Menschen bewegt, sich in die Erfahrung der geschenkten Geschwisterlichkeit hineinzubegeben, wo sie ihre Gaben großzügig hineingeben zum Nutzen aller, dort wächst dieser Leib. Das ist nicht an heilige Orte, an Kirchen oder Versammlungsräume gebunden, sondern „nur" an Christi Gegenwart. Der Aufbau des Leibes Christi, im Kleinen wie im Ganzen, das Werden dieser Gemeinschaften, ereignet sich je neu und überall anders.

Wenn man so denkt, dann werden neue Überlegungen notwendig: „Entscheidend ist", so Thomas Söding, „dass die Charismen erkannt werden und neu zu ihrem Recht kommen – in ihrer Verbindung von Freiheit und Verantwortung, Natürlichkeit und Spiritualität, Individualität und Kirchlichkeit"[33]: das eröffnet einen weiten Raum, der noch weiter auszuloten ist: die Vielfalt von Gemeindeformen, die Vielfalt der Gaben, die sich einbringen und neue Gemeinschaften hervorbringen, die Verbände und Orden – in allen diesen alten und neuen Formen verwirklicht sich dieser innere Rhythmus des gegenseitigen Dienens und Einbringens von Gaben „zum Nutzen anderer".

An uns ist es, mit allen zusammen „die Länge und Breite, die Höhe und Tiefe zu ermessen und die Liebe Christi zu verstehen, die alle Erkenntnis übersteigt" (Eph 3,18) – und uns neu zu öffnen für die Wirklichkeit des Leibes Christi, der unsere bekannten Formen übersteigen möchte.

Die Orientierung an den Charismen ist also ein sehr exploratives und abenteuerliches Unternehmen in der großen Gemeinschaft aller Getauften, die ja vom Heiligen Geist bewegt werden. Zu fragen ist darüber hinaus, ob wir nicht – in der Entdeckungsgeschichte unseres Glaubens – auch noch weitergehen müssen. Denn da der Heilige Geist nicht auf Getaufte beschränkt ist, muss man ja fragen, was es bedeutet, wenn dieses Wirken und Einbringen der Gaben zum Nutzen anderer zu neuen Gemeinschaftserfahrungen führt. Auch hier – so könnte man sagen – sammelt Gott ja sein Volk, wächst die Erfahrung des Reiches Gottes, der gnädigen Gegenwart Gottes – und erfüllt sich so der Seufzer des Mose: da der Heilige Geist weht, wo er will, ist es zwar einerseits so, dass alles Leben der Gaben und alles Werden der Sammlungsbewegung Gottes – und also des Leibes Christi – zu einer Ausdrücklichkeit kommen will, dass aber umgekehrt dort, wo Kirchengemeinden sich als solche zeigen, nur ein Ort ist, an dem „sichtbar" werden soll, woraufhin die Menschen in der Welt angelegt sind: eine Gemeinschaft unterschiedlicher Gemeinschaften zu werden, in dem einen Geist.

33 Ebd., 8.

Ein neues Verständnis der Gabenorientierung

Im Blick auf diese weite biblische Perspektive ist es sicher nicht zufällig, dass die Deutschen Bischöfe in ihrem Schreiben „Gemeinsam Kirche sein" die Charismenorientierung zu einem der Kernthemen im Blick auf die Erneuerung der Pastoral der Kirche machen: *„Die Getauften und ihre Charismen sind der eigentliche Reichtum der Kirche. Die Charismen zu entdecken, sie zu fördern und ihren positiven Entfaltungs- und Sendungsraum in der Kirche und in der säkularen Welt zu erkennen und zu gestalten, ist die zentrale Aufgabe dieser Pastoral."*[34] Das ist ein provozierender Aufschlag. Denn hier wird als zentrale Aufgabe beschrieben, die Reichweite der Charismen mit zu entdecken. Insofern hier Gaben in der Kraft des Heiligen Geistes wahrgenommen werden, wird zugleich die Herausforderung benannt: denn es geht nicht darum, sie zuerst einzuordnen, sondern alles geht darum, ihnen den Raum zu geben, ihnen auch neue Wachstumsräume zu ermöglichen. Man sieht, auch hier steht im Mittelpunkt, den kreativen und explorativen Teil des Werdens der Kirche zu unterstreichen: *„Die Menschen möchten immer weniger für vorgegebene Aufgabenfelder angeworben und ehrenamtlich eingesetzt werden, sie wollen umgekehrt ihre persönlichen Gaben entdecken, einbringen und entfalten. Durch ein solches Umdenken von einer Bedarfs- auf eine Ressourcenorientierung können ganz neue Ausdrucksgestalten kirchlichen Lebens entstehen. Weil sie aus den Gaben des Heiligen Geistes kommen, der in den Gläubigen wirkt, sind auch vielfach unvorhersehbare Überraschungen durch sie möglich."*[35]

Das Schreiben der Deutschen Bischöfe beschreibt die Charismen, im Anschluss an Paulus, als Frucht einer Begegnung mit Christus. Der Heilige Geist ist der Impulsgeber, der diese Gaben dann in einen Dienstkontext bringt, damit sie anderen

---

34 Die Deutschen Bischöfe, Gemeinsam Kirche sein, DBK 100, Bonn 2015, 19.

35 Ebd.

nützen, und sie so einbindet in die Gemeinschaft der Kirche in all ihrer Weite.

Spannend ist aber, dass auch die Deutschen Bischöfe den rahmensprengenden Charakter dieses Ansatzes betonen: *„Wenn die Charismen aber als Geistesgaben fruchtbar werden, lösen sie eine doppelte Bewegung aus: Sie senden ihre Träger zu den anderen, um ihnen zu dienen, und können so den Einzelnen bereichern. Sie grenzen ihre Träger nicht als die Besseren oder Höherstehenden von den anderen ab, sondern sie führen dazu, dass die Kirche als Gemeinschaft von Vielen und Verschiedenen sich je neu sammeln kann und der eine und gemeinsame Geist Gottes und sein Wirken von allen in froher Weise erfahren wird.*

Solche Sendungen und Sammlungen sind darum nie abschließend und schon gar nicht ausschließend, sondern führen neu zusammen: Keine einzelne Gemeinschaft, keine einzelne Pfarrei, kein einzelnes Bistum, ja nicht einmal die ganze heute über die Erde ausgebreitete Kirche stellen die Sendungs- und Sammlungsbewegung erschöpfend dar, die der Heilige Geist dauernd ins Werk setzt.“[36]

Der genetische Code der Kirche

Man könnte sagen, dass „von Anfang an" die Erfahrung des Werdens der Kirche ein außergewöhnlich abenteuerliches Unternehmen war. Sicher war nur eins: dass der Geist Gottes Menschen für das Evangelium begeistert und sie so beseelt. Ihre Gaben, ihre Talente und Fertigkeiten wurden durch diesen Geist in eine neue Richtung gebracht. Sie wurden zum Dienst an anderen, und sie wurden zum inneren Konstruktionsmerkmal und gewissermaßen zur Architektur der unterschiedlichsten Weisen des gemeinsamen Christseins und also auch des Werdens der Kirche.

Von hier aus will Gabenorientierung verstanden werden. Es geht also um etwas ganz anderes als die Frage, wie man die

---

36 Ebd., 22.

Gaben einbringen könnte in ein kirchliches Gefüge. Es geht auch nicht um die Klage, dass uns Gaben fehlen würden – das Gegenteil ist ja der Fall. Diese Gaben sind schon alle da und werden vielfach eingebracht – an den unterschiedlichsten Orten – und so wird die Botschaft des Evangeliums erfahrbar, so wird auch Kirche relevant – mitten unter den Menschen. Die Erfahrung ist also nicht die eines Mangels – sondern eher eine Fülle. Unser Problem könnte sein, dass wir das häufig nicht sehen, weil wir Gabenorientierung eher zu eng verstehen. Es geht also vielmehr um einen offenen Werde- und Entdeckungsprozess. Das war schon von Anfang an so – und das wird unsere Aufgabe sein, diesen Entdeckungszusammenhang weiter zu beschreiben.

4. Gabenorientierung provoziert – Die überraschende Kirchenentwicklung

Wer über Gabenorientierung ernsthaft nachdenkt, über die Dynamik des Geistes, der Menschen mitnimmt in das unbeschreiblich spannende Abenteuer der Hingabe an Freude und Hoffnung, Trauer und Angst der Menschen, dem wird deutlich, dass Gaben, dass Charismen – wie Rainer Bucher richtig bemerkt – jedes Gefüge sprengen und damit in Spannungen mit jedem Versuch institutioneller Fassung geraten.

Das kann man klassisch durch Domestizierung und Exklusion lösen: auf der einen Seite könnte man versuchen, Gaben und Charismen für das Funktionieren einer bestehenden Sozialform zu nutzen. Das geschieht immer dann, wenn man nach neuen Ehrenamtlichen für alte Aufgaben sucht, das geschieht aber auch dann, wenn man nach Gabenseminaren neue Projekte starten kann, weil man ja jetzt Leute dafür hat. Exklusion geschieht hingegen meist im Modus der Blindheit. Hoffentlich. Denn es ist ja jetzt schon so, dass Christinnen und Christen, die sich „außerhalb" der Grenzen eines Gemeindegefüges mit ihren Gaben einbringen, nicht wahrgenommen werden. Selbst dann, wenn sie eigene Initiativen gründen, wird dies nicht relevant für die Gemeinde der Gläubigen, weil es nicht eingebunden ist in den klassischen Rahmen kirchlichen Handelns: politisches Engagement in Bürgerinitiativen, der Aufbau einer Hospizgruppe, die Leitung der Anonymen Alkoholiker, die Begleitung eines Flüchtlingscamps, die Mitarbeit in der Elternvertretung, die Übernahme von politischen Ämtern – all das scheint Privatsache.

Schwieriger noch wird es, wenn „Neue" „Neues" wagen wollen, wenn Menschen ihre hochprofessionellen Kompetenzen einbringen wollen und wenn auf einmal der Stil nicht mehr passt, weil plötzlich die gewohnten Milieus aufgesprengt werden. Dann braucht es häufig ein unglaubliches Durchhaltevermögen durch Tausende von „Wenn" und „Aber" und andere Widerstände hindurch.

In den vergangenen Jahrzehnten vollzog sich darüber hinaus eine weitere Exklusionsbewegung, die sich vor allem auf die Bereiche der kirchlichen Sendung bezog, die sich vom gedachten Kernbereich der Pastoral in den Gemeinden entfernten: die Vielzahl karitativer Dienste, die Kindergärten, die Schulen, die Altenheime und Krankenhäuser in kirchlicher Trägerschaft standen und stehen unter dem Verdacht, eher nicht hinreichend katholisch und spirituell zu sein – eben professionelle Dienste und Berufe, die ihre Kirchlichkeit erst beweisen müssen, indem sie Ehrenämter in Kirchengemeinden horten.

Die darin liegende Abwertung, die sich auch auf die Bereiche kategorialer Seelsorgefelder bezog und bezieht, führt zu einer immensen Verarmung des Kirchenverständnisses und macht aus vielen Gemeinden „Eigenkirchen", die ihre eigene Erfahrung verabsolutieren, weil sie andere nicht erkennen. Und die Vermutung, dass auf der einen Seite die „Spirituellen", auf der anderen die „Praktischen" stehen, ist irreführend: wer Messe feiert, wer die Schrift liest, ist nicht automatisch geistlicher: es geht um die Begegnung mit Christus, aus der die Sendung wächst. Und umgekehrt fehlte die Integration in diese innere (sakramentale) Mitte zuweilen den anderen Sendungsräumen. Es ist ein mühsamer Weg zurück, auf dem das Verständnis und die katholisch-weite Erfahrung von Kirche und Pfarrei und ihrer Sendung neu errungen werden wollen.

Das gilt natürlich noch mehr dann, wenn – wie in jüngsten Zeiten allüberall beobachtbar – neben gewachsenen Gemeinden neue Gemeinden wachsen. Was eigentlich sogar kirchenrechtlich verbrieft ist, stellt sich als höchst konfliktreich dar. Unter dem Paradigma einer überzogenen Einheitsintegration, die eben gerade dadurch die Geistlosigkeit bezeugt, dass die Gemeinschaft als „zu führende eine Herde" soziologisch reduziert wird und es so nur als Störung sehen kann, wenn andere anders sind und anders Gemeinde leben, werden hier sofort ein Exklusionsmechanismus und eine Einheitsforderung installiert. Ob nun die Erfahrungen einer „Seminarkirche" in Hildesheim, die Erfahrungen von „e/motion" in Essen oder „Zeitfenster" und „Kafarna:um" in Aachen – offensichtlich ist auch vielen Hauptberuflichen nicht immer sofort klar, dass gerade Gemeindebildung ein verbrieftes kirchliches Recht aller Gläubigen ist.

Was sich so lokal, vor Ort, abspielt in diesen Versuchen, aus geistlicher Sehnsucht und den vielen Gaben und Berufungen sich auf die Welt und ihre Menschen heute einzulassen, lässt sich gesamtkirchlich im Kontext von Ordensgemeinschaften und anderen geistlichen Aufbrüchen ebenfalls deutlich erkennen: was nicht passt, wird erstmal ausgegrenzt – und es braucht lange Zeiten, bis plötzlich deutlich wird, welches Charisma der Kirche geschenkt ist. Ausnahmen bestätigen die Regel.

Und das hat viel mit Gabenorientierung zu tun, denn an allen diesen Orten, Erfahrungen, Gründungen geben sich Menschen mit ihren Gaben ein, geben sich mit Radikalität, auf professionelle Weise, kompetent. Sie beziehen andere Menschen mit ein, neue Gemeinschaftsformen wachsen, und es steht außer Zweifel, dass hier Gaben durch die Energie des Geistes so zur Wirkung kommen, dass sie vielen anderen nützen. Man könnte sagen: weil hier Menschen und ihre Gaben so kreativ und energetisch neue begeisternde und überzeugende Wirklichkeiten schaffen, wird „der Leib Christi" aufgebaut, in neuer Weise.

Nicht dass es verwunderlich wäre. Ich erinnere mich gut an die Begegnung mit Pionieren der neuen Gemeindewerdungen (fresh expressions of church) in der anglikanischen Kirche. Nach vielen Jahren der Belächelung als Spielwiese für anglikanische Hofnarren wurden Bob und Mary Hopkins und andere plötzlich ernst genommen. Die anglikanischen Bischöfe konnten wahrnehmen, dass hier in diesen Pioniererfahrungen Gottes Geist auf neue Weise die Kirche aufbaut. Und was sie bisher geduldet hatten, wurde nun gestützt und weiter entwickelt. Der postmoderne Aufbau des Leibes Christi wurde hoffähig, und auf einmal standen alle Türen offen. Jetzt galt zuweilen umgekehrt: wir erwarten eigentlich, dass Pfarreien alles tun, damit Pionierinnen und Pionieren der Raum eröffnet wird für das Werden der Kirche. Nun ist eine Erfahrung spannend: es gibt natürlich ein deutliches Bemühen, Pastorinnen und Pastoren zu finden, die diese Pioniergaben haben. Und auch für engagierte Christinnen und Christen gibt es „Kurse" („mission shaped ministry"), um die Gabe pionierhafter Gründungen zu befördern – aber: über 80% derer, die „gründen", durch deren Leidenschaft und Kompetenzen neue „Kirchenwirklichkeiten" wachsen, sind einfach Christen, die loslegen – in kleinen Teams.[37]

Das liegt in der Ursprungsdynamik und also im genetischen Code der Kirche: man erinnere sich an die Begegnung des Petrus mit dem römischen Hauptmann Cornelius und die gleichzeitigen Erfahrungen des Paulus mit den Angehörigen des eigenen Volkes, aber auch die des Philippus mit dem äthiopischen Kämmerer. Die unbändige Gabe der Apostel, dem Evangelium durch hinhörendes Sich-Aussetzen Raum zu geben, führt zu überraschenden und auch ernüchternden Erfahrungen. Paulus und die anderen machen die Erfahrung, dass die, die nicht zu

---

37 Vgl. die Untersuchungen von George Lings zum Werden der Aufbrüche in der Kirche von England, etwa George Lings, Reproducing churches, Oxfordshire 2017.

ihrem Volk gehören, ansprechbarer sind als das eigene Volk. Und lassen sich deswegen auf die Evangelisierung der Heiden ein: *„Euch musste das Wort Gottes zuerst verkündet werden. Da ihr es aber zurückstoßt und euch des ewigen Lebens unwürdig zeigt, wenden wir uns jetzt an die Heiden ..."* Mit dem Resultat, das wir schon kennen: *„Das Wort des Herrn aber verbreitete sich in der ganzen Gegend"* (vgl. *Apg 13,46.49).* Das war schon damals konfliktreich. Der Bruch oder das Übersteigen der eigenen Traditionen fiel einem Petrus nicht einfach und Paulus erzählt davon im Galaterbrief. Insgesamt kommt es zu einem Grundkonflikt über die Frage, wie mit der Herausforderung umzugehen ist, dass auf einmal dieselbe Gabe neue Formen der Kirche hervorbringt. So leidenschaftlich der Streit ist, so nüchtern die Analyse des Petrus, der hier zu seiner Bestform zurückfindet: er hatte ja erfahren, dass seine Verkündigung auf eine Sehnsucht traf, die wiederum ihn erschütterte: *„Wahrhaftig, jetzt begreife ich, dass Gott nicht auf die Person sieht, sondern dass ihm in jedem Volk willkommen ist, wer ihn fürchtet und tut, was recht ist"* (Apg 10,34). Und in seiner Predigt geschieht das Unausdenkbare: *„Noch während Petrus dies sagte, kam der Heilige Geist auf alle herab, die das Wort Gottes hörten. Die gläubig gewordenen Juden, die mit Petrus gekommen waren, konnten es nicht fassen, dass auch auf die Heiden die Gabe des Heiligen Geistes ausgegossen wurde"* (Apg 10,44 f). Und deswegen sagt er den (wie immer gerne theologisch und theoretisch) streitenden Theologenbrüdern: *„Brüder, wie ihr wisst, hat Gott schon längst hier bei euch die Entscheidung getroffen, dass die Heiden durch meinen Mund das Wort des Evangeliums hören und zum Glauben gelangen sollen ... Er machte keinen Unterschied zwischen uns und ihnen"* (Apg 15,7.9).

In der Relecture der Erfahrungen und der Zeichen der Zeit und in der Relecture der Schriften wird klar, dass die andrängende Zukunft das hermeneutische Prinzip der Tradition ist: nicht Integration (und also Beschneidung der Heidenchristen), sondern Öffnung eines Wachstumsraums für neue Orte und Wirklichkeiten – das ist die im Heiligen Geist getroffene Entscheidung für eine „mixed economy of church" (so die Anglikaner 2000 Jahre später), einer Freiheit für unterschiedliche Werdeprozesse des Kircheseins, die alle aus den Gaben der Verkündigung des Evangeliums wachsen. Ein eindrückliches Beispiel dafür, wie nicht eine Vereinnahmung der Neuen durch das Alte sein muss, sondern der Geist weitertreibt und der Aufbau des Leibes Christi – Merkmal für die geistgewirkten Gaben und Charismen – nicht an eine Form gebunden ist, sondern sich neue Wege bahnt – in allen Zeiten.

Der weiterwerdende Horizont

„Gemeinsam Kirche sein", das Schreiben der Deutschen Bischöfe zur Erneuerung der Pastoral, ist sich dieser Konsequenz mindestens teilweise bewusst. Es steht ein neuer Blick auf die Pfarrei an: *„Aus der traditionellen ‚Pfarrgemeinde', die ein in sich geschlossenes System mit einer festen Struktur war, wächst die ‚Pfarrei neueren Typs' ... Gemeinsam ist allen, dass sie offen und plural sind. So ermöglichen sie verschiedene Formen der Beteiligung. Innerhalb eines bestimmten Territoriums richtet sich der Blick nun auf das vielfältige Leben der Gläubigen und ihrer Vergemeinschaftungsformen in diesem Territorium. Die so verstandene Pfarrei wird sich immer mehr zu einer Gemeinschaft von Gemeinschaften entwickeln und verschiedene Orte kirchlichen Lebens hervorbringen"*.[38]

Damit ziehen die Bischöfe eine wichtige Konsequenz aus einem charismen- und gabenorientierten Ansatz, der zu neuen Formen von Gemeindebildungen führen kann. Dabei bleibt wichtig, dass der gesetzte „Rahmen" die Pfarrei ist. Sie wird aber nicht von ihrer Territorialität her beschrieben, sondern von den Vollzügen, die ermöglichen, dass durch die Gaben aller auch in überraschender Weise der Leib Christi aufgebaut wird: *„Die Pfarrei in ihrer Vielfalt ermöglicht zudem, dass je nach verschiedenen Bedürfnissen oder aktuellen Problemlagen auch immer wieder neue Gruppierungen entstehen. Neue*

---

38 Die Deutschen Bischöfe, Gemeinsam Kirche sein, a.a.O., 51.

Herausforderungen verlocken die Gläubigen zu Wegen, auf denen sie gemeinsam die Botschaft des Evangeliums bekannt machen wollen."[39]

Wenn man genau hinsieht, dann wird deutlich, dass die Unterscheidung zwischen dem ermöglichenden Raum der Pfarrei und der Freiheit der Gaben und ihrer neuen Formen gut das Verhältnis beschreibt, das angezielt ist. Die Pfarrei erscheint zum einen als der Raum, in dem Sorge getragen wird, dass sich die Provokation ereignen kann, die in der Unterstreichung der Gaben aller liegt. In einer Relecture von Evangelii Gaudium schreiben die Bischöfe: „*Mit Recht betont Papst Franziskus: ,Die Pfarrei ist keine hinfällige Struktur; gerade weil sie eine große Formbarkeit besitzt, kann sie ganz verschiedene Formen annehmen' (EG 28). Darum ist die Pfarrei bei aller Wandelbarkeit ihrer Gestalten und Verortungen mehr als eine Struktur, sie hat auch eine theologische Bedeutung. ,Die Pfarrei ist eine kirchliche Präsenz im Territorium, ein Bereich des Hörens des Wortes Gottes, des Wachstums des christlichen Lebens, des Dialogs, der Verkündigung, der großherzigen Nächstenliebe, der Anbetung und der liturgischen Feier' (EG 28). Dies muss bei allen gegenwärtigen Veränderungen in den Strukturen unserer Bistümer als Grunddatum bestehen bleiben.*"[40]

Dieser Raum ist also durch Vollzüge und Impulse gekennzeichnet, der die Gaben der Getauften stärken und noch mehr freispielen soll. Und umgekehrt braucht es natürlich auch ein Bewusstsein für das „Ganze" der Kirche: „*Solche eben beschriebene Vielfalt von Gemeinschaften braucht Vernetzung. Die verschiedenen Orte kirchlichen und gemeindlichen Lebens innerhalb der Pfarrei bedürfen eines Zueinanders und Miteinanders und einer Mitte. Die unterschiedlichen Charismen der Vergemeinschaftung tragen dann zum Kirchewerden bei, wenn sie sich bewusst bleiben, dass es in allem um den Herrn geht, um die Gegenwart des Auferstandenen inmitten*

---

39 Ebd., 52.
40 Ebd., 50.

der Kirche. Alle müssen je neu herausfinden, was ‚der Geist den Gemeinden sagt' (Offb 2,7 u. ö.) "[41]

Diese Aufgabe – und das wird noch auszufalten sein – kommt denen zu, die im Dienst an dieser Einheit stehen. Die Pfarrei, so die Deutschen Bischöfe, stellt sich dar als eine Gemeinschaft von Gemeinschaften, die zusammen die Weite der Kirche spiegeln.

So weit – so gut. Stutzen lässt nun ein interessanter Hinweis in diesem Zusammenhang, der uns auf einen noch ausstehenden nächsten Schritt verweist. Gerade im Kontext der für das Werden der Kirche so wichtigen Gabenorientierung und der neuen Formen zeigt sich, dass der etwas statisch anmutende Rahmen der Pfarrei als eine Gemeinschaft von Gemeinschaften wohl nicht ausreichen wird, um die liquiden, postmodernen Zeitverhältnisse radikal zu berücksichtigen: *„In den verschiedenen Gemeinschaften begegnen sich Christen, die ihre Taufe ernst nehmen und den Weg der Nachfolge entschieden eingeschlagen haben, wie auch Christen, die sich in Krisen des Glaubens befinden oder dem kirchlichen Leben fernstehen. Zudem beteiligen sich am Leben einer Pfarrei auch Nichtchristen, für die die konkrete Gemeinschaft einen Erstkontakt mit der Kirche darstellt. Diese Begegnung ist für alle Beteiligten eine Herausforderung, die darauf verweist, dass alle – auch die Entschiedenen – unterwegs sind, weil wir als Kirche immer auch noch Kirche im Werden sind.*"[42]

Sosehr dies stimmt, kann man sich dennoch fragen, ob nicht hier letztlich doch noch einmal eine normative Dimension des Kircheseins in diesen an sich sehr offenen Gedankengang hineingeschlüpft ist. Denn was heißt es, dass es in diesen Gemeinden Christen gibt, die „dem kirchlichen Leben fernstehen"? Gemeint ist ja, dass sie nicht die gewachsenen Traditionen kennen und/oder praktizieren. Wird hier der offene Ansatz Opfer seiner letztlich etwas statischen Grundanlage? Und welchen Schritt müsste man weitergehen?

41 Ebd., 52.
42 Ebd.,

Könnte man, in einem dynamischen Verstehen der Gaben-orientierung, den Gedanken des werdenden Gottesvolkes nicht noch radikaler fassen?

Franziskanische Radikalität

Es ist spannend zu lesen, wie die Deutschen Bischöfe versucht haben, das programmatische Schreiben „Evangelii Gaudium" von Papst Franziskus in ihrem Pastoralschreiben zu rezipieren. Es fällt auf, dass die Grundanlage des Nachdenkens über Ga-benorientierung und Kirchenentwicklung irgendwie statischer wirkt als die Dynamik, aus der Papst Franziskus schreibt. Wo-ran liegt das? Zum einen sei hervorgehoben, dass die Deut-schen Bischöfe mit dem zentralen Ansatz bei der Heiligkeit des Christen (so Kapitel 1) schon einen sehr dynamischen Auf-schlag gewählt haben, der sich dann auch (im Kapitel 2) durch Charismenorientierung ausfalten lässt. Das ist wahr. Dennoch wirkt das grundlegende Kirchenverständnis statischer, weil es eine deutsche Situation des Übergangs beschreibt: von einer geschlossenen Pfarrgemeinde mit ihren Integrationsappellen zu einer offenen und schon anfanghaft werdenden Gemein-schaft von Gemeinschaften.

Die lateinamerikanische Kirche hat seit der kontinentalen Bischofsversammlung Aparecida 2008 aber einen anderen Fo-kus. Es geht viel weniger um die Frage dieses Übergangs, den die Lateinamerikaner seit Mitte der 60er Jahre in ihrer basis-kirchlichen Bewegung eingeübt haben – es geht vielmehr um die Frage, wie Kirche verstanden werden kann in einer post-modernen Urbanität, mit hoher Mobilität und Individualität. Hier liegt ein Paradigma gegründet, dass man auch im angli-kanischen Kontext wiederfindet. Dort wird von der „mission shaped church" gesprochen – und also die Sendung, die Dy-namik des Evangeliums und mithin die geistgewirkten Gaben der Christen in den Vordergrund gerückt: Nicht die Kirche ist es, die eine Mission hat, eine Sendung – sondern im Vorder-grund steht die Sendung, die die Kirche hervorbringt – in den vielfältigen Gaben, die „evangelisierend" sind: nicht etwa weil ständig die Bibel gelesen oder fromm gebetet wird, sondern weil jener Raum eröffnet wird, in dem die kraftvolle Nähe Christi spürbar und erfahrbar wird in der sich aussetzenden Liebe der Christen.

Davon ist der ganze Text durchdrungen. Und das wird auch gerade dort spürbar, wo über die Pfarrei und ihre Gestaltwerdung gesprochen wird: *„Die Kirche ‚im Aufbruch' ist die Gemeinschaft der missionarischen Jünger, die die Initiative ergreifen, die sich einbringen, die begleiten, die Frucht bringen und feiern. „Primerear – die Initiative ergreifen": Entschuldigt diesen Neologismus! Die evangelisierende Gemeinde spürt, dass der Herr die Initiative ergriffen hat, ihr in der Liebe zuvorgekommen ist (vgl. 1 Joh 4,10), und deshalb weiß sie voranzugehen, versteht sie, furchtlos die Initiative zu ergreifen, auf die anderen zuzugehen, die Fernen zu suchen und zu den Wegkreuzungen zu gelangen, um die Ausgeschlossenen einzuladen."*[43]

Es geht also nicht so sehr darum, eine zukünftige Sozialform – etwa als Gemeinschaft von Gemeinden – in den Blick zu rücken, sondern darum, dass das Volk Gottes als Ganzes aus der Erfahrung einer Begegnung mit Christus und seinem Reich mitgerissen wird in eine Bewegung hin zu allen Menschen

„Die evangelisierende Gemeinde stellt sich durch Werke und Gesten in das Alltagsleben der anderen, verkürzt die Distanzen, erniedrigt sich nötigenfalls bis zur Demütigung und nimmt das menschliche Leben an, indem sie im Volk mit dem leidenden Leib Christi in Berührung kommt. So haben die Evangelisierenden den ‚Geruch der Schafe', und diese hören auf ihre Stimme. Die evangelisierende Gemeinde stellt sich also darauf ein, zu ‚begleiten'. Sie begleitet die Menschheit in all ihren Vorgängen, so hart und langwierig sie auch sein mögen."[44]

---

43 Papst Franziskus, Apostolisches Schreiben Evangelii Gaudium, VAS, Bonn 2015, Nr. 24.
44 Ebd.

Auf diesem Hintergrund kann man dann auch Pfarrei in der Vielfalt von Sozialformen denken. Sie ist nicht das Hauptthema – sie ist Werkzeug, und alle Sozialformen und Gemeinschaften sind von der Perspektive der Sendung her zu sehen: *„Die Pfarrei ist keine hinfällige Struktur; gerade weil sie eine große Formbarkeit besitzt, kann sie ganz verschiedene Formen annehmen, die die innere Beweglichkeit und die missionarische Kreativität des Pfarrers und der Gemeinde erfordern. Obwohl sie sicherlich nicht die einzige evangelisierende Einrichtung ist, wird sie, wenn sie fähig ist, sich ständig zu erneuern und anzupassen, weiterhin ‚die Kirche [sein], die inmitten der Häuser ihrer Söhne und Töchter lebt‘. Das setzt voraus, dass sie wirklich in Kontakt mit den Familien und dem Leben des Volkes steht und nicht eine weitschweifige, von den Leuten getrennte Struktur oder eine Gruppe von Auserwählten wird, die sich selbst betrachten."*

Die Pfarrei selbst wird vom Papst gar nicht als eine Sozialform beschrieben. Sie ist ein „Raum", ein „Bereich", eine „Präsenz", die aber nicht durch Gemeinschaftsformen beschreibbar ist, sondern – und das ist die Pointe des Papstes – durch Vollzüge christlichen Lebens: *„Die Pfarrei ist eine kirchliche Präsenz im Territorium, ein Bereich des Hörens des Wortes Gottes, des Wachstums des christlichen Lebens, des Dialogs, der Verkündigung, der großherzigen Nächstenliebe, der Anbetung und der liturgischen Feier."*[45]

Wie sehr sich dieses Mit-Leben der Sendung Christi in der Hin-Gabe zeigt, macht Papst Franziskus in einer doppelten Weise deutlich. Es braucht zum einen jenen Blick, der Gott schon mitten im Leben der Menschen entdeckt: *„Wir müssen die Stadt von einer kontemplativen Sicht her, das heißt mit einem Blick des Glaubens erkennen, der jenen Gott entdeckt, der in ihren Häusern, auf ihren Straßen und auf ihren Plätzen wohnt. Die Gegenwart Gottes begleitet die aufrichtige Suche, die Einzelne und Gruppen vollziehen, um Halt und Sinn für ihr Leben zu finden. Er lebt unter den Bürgern und fördert*

---

45 Ebd., Nr 28.

die Solidarität, die Brüderlichkeit und das Verlangen nach dem Guten, nach Wahrheit und Gerechtigkeit. Diese Gegenwart muss nicht hergestellt, sondern entdeckt, enthüllt werden. Gott verbirgt sich nicht vor denen, die ihn mit ehrlichem Herzen suchen, auch wenn sie das tastend, auf unsichere und weitschweifige Weise, tun ... Im Alltag kämpfen die Bürger oftmals ums Überleben, und in diesem Kampf verbirgt sich ein tiefes Empfinden für das Leben, das gewöhnlich auch ein tiefes religiöses Empfinden einschließt. Das müssen wir berücksichtigen, um einen Dialog zu erzielen wie den, welchen der Herr mit der Samariterin am Brunnen führte, wo sie ihren Durst zu stillen suchte (vgl. Joh 4,7–26)."[46]

Diese „Evangelisierung" ist also vor allem eine Entdeckungsgeschichte des Evangeliums: in den Menschen, in ihrem Alltag, in ihrem Engagement sind Gott, sein Geist – und wir können das hier ergänzen – und seine reichen Gaben im Vollzug zu entdecken. Sich einzulassen, in Beziehung zu treten, um gemeinsam auf diesem Weg zu sein, gemeinsam also „den Leib Christi aufzubauen", darum geht es dann.

Allerdings ist das ein anspruchsvolles, ein sich-aussetzendes und offenes Unternehmen. Es geht eben nicht um eine Vereinnahmung oder eine Integration, sondern um die Frage, wie in Gemeinschaft mit unseren Zeitgenossen das Evangelium weiter Raum gewinnen kann. Der Zugang ist hier eine demütige Grundhaltung, wie sie der Papst vorschlägt: „*Es entstehen fortwährend neue Kulturen in diesen riesigen menschlichen Geographien, wo der Christ gewöhnlich nicht mehr derjenige ist, der Sinn fördert oder stiftet, sondern derjenige, der von diesen Kulturen andere Sprachgebräuche, Symbole, Botschaften und Paradigmen empfängt, die neue Lebensorientierungen bieten, welche häufig im Gegensatz zum Evangelium Jesu stehen. Eine neue Kultur pulsiert in der Stadt und wird in ihr konzipiert. ... Das macht eine Evangelisierung nötig, welche die neuen Formen, mit Gott, mit den anderen und mit der Umgebung in Beziehung zu treten, erleuchtet und die grund-*

---

46 Ebd., Nr. 71 f.

legenden Werte wachruft. Es ist notwendig, dorthin zu gelangen, wo die neuen Geschichten und Paradigmen entstehen, und mit dem Wort Jesu den innersten Kern der Seele der Städte zu erreichen."[47]

Sich einzulassen, demütig die Spuren Gottes zu entdecken – all das führt dann zu neuen Formen und Gestalten des Kircheseins, die aber nicht einfach als Projekte in die Landschaft gestellt werden, sondern sich ergeben aus der tiefen Begegnung mit den Menschen: „*Das erfordert, neuartige Räume für Gebet und Gemeinschaft zu erfinden, die für die Stadtbevölkerungen anziehender und bedeutungsvoller sind.*"[48]

Die Provokation der Gabenorientierung wird – im Nachspüren dieser Überlegungen des Papstes – noch einmal deutlicher. Überall da, wo Christen sich einbringen und mit ihren Gaben dienend und leidenschaftlich das Evangelium bezeugen, wachsen neue Formen und Gestalten des Kircheseins, zusammen mit den Menschen unserer Zeit. Gabenorientierung wird so zur konkreten Ausdrucksgestalt jener radikalen Sendungsorientierung, die aus der Freude des Evangeliums wächst – mit all den überraschenden und dann vielleicht doch sehr logischen Neuwerdungen kirchlichen Lebens.

5. Gabenorientierung zwischen Explosion und Implosion – Notwendige Unterscheidungen

Echte Gabenorientierung testet Grenzen aus, die in den vergangenen Jahrzehnten wie selbstverständlich galten, weil das zugrundeliegende Kirchenbild eine Grenze aufbaute zwischen der Kirche und der Welt. „Drinnen" galt und gilt es, ein bestimmtes Ensemble kirchlichen Lebens zu gestalten. Und die Rede von den Gaben war nicht wichtig, aber im Hintergrund immer präsent: denn im Kontext der Pfarrgemeinde und Pfarrfamilie gab es ein alljährliches Programm und einen alljährli-

---

47 Ebd., Nr. 73 f.
48 Ebd.

chen Bedarf. Dabei wurde klar, dass in einem bestimmten Gefälle der Macht Priester und Hauptberufliche Menschen suchten, ansprachen und aussuchten, die diese Dienste tun können. Und natürlich achteten sie dabei auf offensichtliche Gaben, Kompetenzen und Talente – ebenso wie auf die Chemie, die stimmen musste. Dieses Verfahren des „Ansprechens" und des „Rufens" ist sehr einseitig auf Dienste in der Gemeinde und für ihr Funktionieren gerichtet. So konnte und kann es passieren, dass sich hier neue Machthierarchien ausbilden, die ursprünglich klerikal und hauptberuflich orientiert sind, sich aber im Lauf der Zeit erweitert haben.

Und das hat mit einer bestimmten Kirchenkonstellation zu tun, die das gemeinsame Priestertum der Gläubigen umkonjugiert in eine amtsbezogene Größe: in der Tat steckt in der Rede vom Ehrenamt mindestens im kirchlichen Rahmen eine Ambivalenz – denn es reflektiert ebenjene vertikale Abschüssigkeit. Das eigentliche Gesicht, der eigentliche Dienst in der Kirche geschieht durch Kleriker oder doch Professionelle – aber die ziehen zum Funktionieren der Kirche eben auch Ehrenamtliche hinzu. Das sind Laien, nicht wirklich Ausgebildete, die im Rahmen ihrer Möglichkeiten mitwirken am Gelingen pastoralen Handelns.

Eine solche Perspektive gründet in einer Ekklesiologie, die vor dem II. Vatikanischen Konzil „galt", aber die gerade auch nach dem Konzil und bis heute weiterwirkt. In ihr ist die Mitarbeit der getauften Christen optional, nicht wesentlich und nicht konstitutiv. Und wenn hier Laien mitwirken, dann als „verlängerter Arm des Klerus", nicht aber aus eigener Kompetenz.

Für jedes Nachdenken über eine gabenorientierte Pastoral, über die Charismen, eignet sich diese Konfiguration kirchlichen Lebens nur begrenzt. Denn ja, auch hier können sich Christen mit ihren Gaben einbringen, aber nur im Rahmen der pastoralen Schwerpunkte, die ihrerseits von Pfarrern und immer mehr auch Hauptberuflichen verantwortet werden. Und nicht selten, sondern sogar sehr oft ist es in den vergangenen Jahren deutlich geworden, dass der hier gesteckte Rahmen zu eng ist. So konnte es geschehen, dass Gabenorientierung nicht angenommen wurde. Das beste Beispiel: man führt einen Gabenkurs oder einen Charismenkurs durch und Personen entdecken ihre Gaben, die sie gerne einsetzen würden. Aber schnell wird deutlich, dass die entsprechenden Gaben „gar nicht gebraucht werden". Und nicht selten ist es ja auch so, dass Personen, die sich beim Pfarrer oder in der Pfarrei melden, um mitzuwirken, zunächst nur schwierig einen Zugang finden – es läuft ja alles.

Im Hintergrund steht also ein Kirchenbild, dass die Gemeinschaft der Gläubigen eher in Ergänzung zum eigentlichen Dienst der Hauptamtlichen sieht. Entsprechend wirkt sich dies in Krisenzeiten aus.

Der Ruf nach den Hauptberuflichen und das überlastete Ehrenamt

Wie sehr diese Perspektive weithin dominant ist, wird deutlich an dem Ruf nach immer mehr Hauptamtlichen und der Sicht des Ehrenamtes. Wie soll eigentlich eine Pastoral funktionieren, die nicht von Hauptberuflichen gesteuert wird? Weithin sehen sich viele Engagierte abhängig von Impulsen der Hauptberuflichen, obwohl gerade doch die Engagierten heute mit hohen Kompetenzen ausgestattet sind. Hier wird noch einmal deutlich, wie wenig in den vergangenen Jahren eine Begleitung und Kompetenzerweiterung der Engagierten ermöglicht wurde oder überhaupt im Blick war. Weithin orientierte sich die Entwicklung der Pastoral an der Bestandswahrung eines bestimmten Settings volkskirchlicher Prägung, die zugleich „von oben" normativ vorgegeben schien. Und deswegen: gerade in Zeiten institutioneller Schwäche der Kirche fordern die Gläubigen ein Mehr an Hauptberuflichkeit, ohne die das Ganze nicht zu schaffen sei. Welches Ganze? Die normative Wirklichkeit der klassischen Gemeinde.

Dies sind dann also der Platz und die Rolle des Ehrenamtes: unter der Leitung des Hauptberuflichen, und im Kontext eines bestimmten Gemeindebildes, die Kirche weiter zu erhalten.

Deswegen verwundert es auch nicht, dass in den vergangenen Jahrzehnten nicht die kreative Weiterentfaltung der Gaben der Getauften und einer etwa daraus resultierenden neuen Kirchengestalt gefördert wurde – die Perspektive war die des Selbsterhalts einer gewachsenen, von Hauptberuflichen getragenen Kirchengestalt. Je weniger allerdings Menschen einen Zugang zu diesem Gefüge fanden und je weniger sie diese Gemeinschaftsgestalt teilten, desto drängender wurde die Frage nach dem Ehrenamt. Denn nun zeigte sich die fatale Konsequenz dieses Weges: die weniger werdenden Engagierten wurden gefragt, ob sie nicht weitere Ehrenämter übernehmen wollten. Das taten und tun viele – und es kommt zu einer merkwürdigen Entwicklung.

Wenn in der Vergangenheit Priester (und Hauptberufliche) für die Pastoral Verantwortung wahrgenommen haben und als „Kompetente" dann erkennen konnten, wen sie zur Mithilfe gewinnen wollten, dann war die Grundidee, dass ja eigentlich alle Gaben und Kompetenzen in Weihe oder kompetenter Berufseinführung gebunden waren. Und nun sollten auch andere geeignete Christen aufgerufen werden, Teile davon zu übernehmen. Diese „Konzentration" der Charismen und Kompetenzen führte einerseits konstitutiv zur Überlastung. „Wir müssen dem Pfarrer helfen ...", heißt es dann meistens. Und auch die Hauptberuflichen können ja ihre Aufgaben nicht alleine schaffen.

Doch weil ja auch weniger engagierte Christinnen und Christen für die zu verteilenden Aufgaben zur Verfügung stehen, kommt es zu einer merkwürdigen Verdopplung des Bildes. Der engagierte Christ, der modellhafte Ehrenamtliche ist nun derjenige, der – ebenso wie der Hauptberufliche – Überlastung beklagt: „Wer soll das alles schaffen?" „Wir arbeiten unbezahlt!" „Haben Sie eigentlich daran gedacht, dass wir das alles nebenbei tun?"

Und gleichzeitig wird das Unbehagen an einer anderen Stelle noch weitaus größer: denn sosehr die engagierten Ehrenamtlichen mitwirken an dem Erhalt einer bestimmten Kirchengestalt, so sehr wird aber auch deutlich, dass sie einer Vergangenheit hinterherarbeiten – und die Perspektive des „Weniger" führt dann zu einem verzweifelten und überlastenden „Mehr" des Tuns. Ist das nötig?

Die Frage nach der Partizipation

Nach dem II. Vatikanischen Konzil und der öffnenden Perspektive des Volkes Gottes wird auch deutlich mehr nach Partizipation gefragt. Aber hier zeigt sich dann auch, dass auf dem Hintergrund dieser Perspektive einer letztlich von Hauptamtlichen gestalteten und kontrollierten Pastoral Partizipation dann vor allem hieß, teilzuhaben am Leitungsamt. Und das zeigte sich dann besonders, wenn es um Dienste in der Liturgie ging. Das Ganze wurde auf dem Horizont der berechtigten und notwendigen Frage nach der Partizipation möglichst vieler Getaufter letztlich eine Machtfrage. Die Auseinandersetzungen um eine Kirche „von unten" oder „von oben" spiegeln dieses Kirchenbild wider – und machen auch deutlich, dass mit einem solchen vertikalen machtorientierten Kirchenbild letztlich eine echte Gabenorientierung nicht möglich ist, sondern immer wieder im Sand verlaufen wird. Es geht dann ja lediglich um Mitarbeit, es geht nicht um eine neue Gestaltung der Kirche – um ihre Erneuerung aus der Kraft des Geistes.

Explosionen

Wer radikaler von der Gabenorientierung her denkt, der muss auch radikaler Kirche denken. Dann wird nämlich zunächst deutlich, dass es nicht um eine ganz bestimmte Sozialgestalt gehen kann, sondern dass es bei der Gabenorientierung, bei der Rede von den Charismen, die den Leib Christi aufbauen, um eine Sendungs- und Sammlungsbewegung geht, die vom Geist angestiftet ist. Dabei geht es nicht zuerst um die Kirche in ihrer vorfindlichen Gestalt und auch nicht um einen sehr binnenorientierten Blick. Es geht um die Kraft des Geistes, durch den die Christen und ihre Gaben ausgerichtet werden auf das Reich Gottes und mithin in eine Dynamik des Werdens einer geeinten Welt gerissen werden, die die Grenzen der Kirche immer wieder ausweitet.

Praktisch lässt sich das vielfach entdecken. Aus der Perspektive klassischer Gemeindekonstellationen wird das gabengeprägte Engagement vieler Christen überhaupt nicht sichtbar. Weil es wesentlich um den Selbsterhalt einer Gestalt geht, fällt nicht weiter auf, dass viele Christen sich in Verbänden und zivilgesellschaftlichen Kontexten engagieren, an Sorgentelefonen, in der Caritas oder beim Roten Kreuz, in der Lokalpolitik oder im Engagement für Flüchtlinge. Das „zählt" irgendwie nicht, weil es nicht zugunsten des Erhalts der Gemeinde wahrgenommen wird, die vorschnell mit dem biblischen Ziel identifiziert wird, den Leib Christi aufzubauen. Im Hintergrund steht also eine eher statische Ekklesiologie, die das Weltengagement der Christen nicht wirklich berücksichtigt.

Ganz anders wäre es, würde man die Sendung des Evangeliums und die entsprechende Ausrichtung auf eine Hin-gabe der Gaben ernst nehmen. Dieser Perspektivwandel würde zu einer Würdigung und Ausrichtung des Gabendiskurses führen. Denn dann ginge es darum, Christen wie alle übrigen Menschen darin zu unterstützen, ihre Gabe zum Nutzen anderer einzubringen.

Die Gaben zu geben, einzubringen zum Nutzen anderer – genau aus dieser radikalen Orientierung wächst auch ein neuer Blick auf das, was wir Kirche nennen mögen. Zunächst geht es um die Sendung, um die Möglichkeit, in der Logik des Evangeliums mit den eigenen Gaben den anderen zu nützen – in den vielfältigen Möglichkeiten und Herausforderungen einer jeden Zeit. Aber dann zeigt die Erfahrung, dass diese Hingabebewegung auch immer sammelt und verbindet: es wächst Gemeinschaft, die dann in unterschiedlicher Weise Zeugnis gibt von der Gegenwart des liebenden Gottes: das kann sehr unthematisch sein – aber eben auch kirchenbildend.

Das wird im Kontext der Untersuchungen zu den „fresh expressions of church" mehr als sichtbar. Denn in der Entwicklung dieser Aufbruchsbewegung wird die postmoderne Perspektive noch einmal deutlicher: in der Regel sind das begabte und begeisterte Christen, oft als Kleingemeinschaft, durch die neue Formen kirchlichen Lebens entstehen, indem sie sich radikal einlassen und einbringen in die Kontexte ihrer Zeit. Damit verlassen sie zunächst jenen als normativ gedachten Zusammenhang zwischen Gaben und vorgegebener Gemeinde – und bringen sich ein: dies ist ein kreatives Geschehen, weil hier aus den Gaben heraus Kirche in neuen Gestalten wächst und wird.

Gabenorientierung so zu denken, führt allerdings nicht zu einer Reduktion auf das Werden (oder klassisch: auf das Erhalten) einer Kirchengestalt. Es geht zunächst ja gar nicht darum, Kirche zu „machen", zu „gründen" oder zu „erhalten", sondern schlicht darum, dem Werden und Eröffnen des Reiches Gottes Raum zu geben.

Gabenorientierung meint dann also, die eigene Sendung zu entdecken, seine Gaben einzubringen an den Orten, zu denen man sich gerufen weiß. Und von daher ist Gabenorientierung sehr nach außen gerichtet, lässt sich ein auf die Menschen und die Welt, die einen umgibt; man lässt sich von der Not, von den Herausforderungen „rufen" und bringt sich ein.

Es soll und muss also in zweifacher Weise der Blick umgewandt werden: einerseits ist Gabenorientierung nicht zuerst im Blick auf das Werden und Wachsen der eigenen Gemeinschaft zu sehen, sondern ausgerichtet auf das Werden der Wirklichkeit des Reiches Gottes. Dabei ist aber andererseits wahrscheinlich, dass neue Formen der Communio wachsen – denn das Einbringen von Gaben und Charismen zum Nutzen anderer führt immer wieder zu neuen Kommunionen, zu neuen Formen des Kircheseins – die allerdings viele theologische Fragen auslösen. Gabenorientierung ist explosiv, wenn sie auch Ekklesiogenesis sein kann.

Implosionen

Wer sich so einlässt auf ein sendungsorientiertes Verstehen von Gaben und Kirche in ihrem Werdeprozess, der wird allerdings zugleich Gabenorientierung auch für das „Innen" kirchlicher Gemeinschaft neu formulieren müssen.

Denn die Quelle jener Sendungsleidenschaft, die Quelle, die Gaben ausrichtet auf den Nutzen anderer, ist ja der Geist Gottes, der im Inneren, in der Liturgie, in der gelebten Communio der Kirche wirken will – in den Sakramenten, in Vollzügen kirchlichen Lebens. Auch hier darf man sich fragen, wie denn dann Gaben auch eingebracht werden, um diese notwendigen Vollzüge der kirchlichen Gemeinschaft zu ermöglichen.

Klar ist ja: es geht nicht darum, bestimmte Aufgaben zu verteilen und dafür Christen zu finden, die sich dafür finden, die sich dafür finden lassen – es geht um einen geistlichen Weg. Denn wenn die benannte Logik des Evangeliums stimmt, dann geht es ja darum, dass die Mitte des christlichen Lebens, die Feier der Liturgie, das Hören des Evangeliums, mit aller Kraft und Intensität gelebt werden kann.

Die Dienste, die in diesem Horizont wichtig werden, setzen Gaben voraus, die allerdings zunächst nicht innerkirchlich eingebracht werden sollen, sondern im Dienst der Verkündigung des Evangeliums in der Welt von heute stehen. Eine kirchliche Gemeinschaft wird dann entdecken, dass bestimmte Brüder und Schwestern mit ihren bestimmten Gaben auch in diesem „inneren" Bereich der kirchlichen Gemeinschaft dienen sollten, damit erfahrbar und erlebbar werden kann, wie dieser Geist immer wieder neu Menschen bewegen und senden kann.

Das sind Dienste in der Liturgie und der Verkündigung, Dienste an der Gemeinschaft – für die dann Menschen gerufen werden können, die mit diesen Gaben ausgestattet sind. Wer gut singen kann, wer musiziert, wer glaubwürdig das Wort Gottes liebt, der kann dann Lektor, Kantor, Kirchenmusiker werden – in einem Dienst am Werden der Gemeinschaft aus Gottes Geist.

Hier wird deutlich, dass der biblische Befund vielleicht die Innenperspektive der Gemeinde zu stark befeuert. Hier sind die Gaben und Charismen eingebunden in die Frage des Lebens der Gemeinde, und die Vielfalt der Gaben macht eine

Ordnung notwendig, die die Dynamik des inneren Lebens der Gemeinde spiegelt.

Die Explosion der Gaben macht deutlich, dass dort, wo der Geist Gottes wirkt, jede und jeder seine Gabe entdecken und ins Spiel bringen kann. Von daher wird auch deutlich, dass die Gestaltung der inneren und dynamischen Mitte der Gemeinschaft Ursprung und Ausgangspunkt ihrer Sendung ist. Und sie muss intensiv gestaltet sein, damit die kraftvolle Sendung gelingen kann.

Pfarrei neu verstehen

Vor diesem Horizont wird dann sichtbar, dass sich auf neue Weise Kirche konfiguriert. Es wird deutlich, dass ein Bild der Pfarrgemeinde transzendiert wird aus der Blickrichtung einer starken Sendungsorientierung: *„Die Pfarrei ist keine hinfällige Struktur; gerade weil sie eine große Formbarkeit besitzt, kann sie ganz verschiedene Formen annehmen, die die innere Beweglichkeit und die missionarische Kreativität des Pfarrers und der Gemeinde erfordern. Obwohl sie sicherlich nicht die einzige evangelisierende Einrichtung ist, wird sie, wenn sie fähig ist, sich ständig zu erneuern und anzupassen, weiterhin ‚die Kirche [sein], die inmitten der Häuser ihrer Söhne und Töchter lebt'. Das setzt voraus, dass sie wirklich in Kontakt mit den Familien und dem Leben des Volkes steht und nicht eine weitschweifige, von den Leuten getrennte Struktur oder eine Gruppe von Auserwählten wird, die sich selbst betrachten"* – wir hatten Papst Franziskus schon zitiert.

Damit aber wird deutlich, dass auch die Rede von einer Pfarrei als Gemeinschaft von Gemeinschaften nur dann dieser Perspektive entspricht, wenn sie sich als Frucht der missionarischen Perspektive sieht. Papst Franziskus ist dabei sehr deutlich: *„Mir ist eine ‚verbeulte' Kirche, die verletzt und beschmutzt ist, weil sie auf die Straßen hinausgegangen ist, lieber als eine Kirche, die aufgrund ihrer Verschlossenheit und ihrer Bequemlichkeit, sich an die eigenen Sicherheiten zu klammern, krank ist. Ich will keine Kirche, die darum besorgt ist, der Mittel-*

punkt zu sein, und schließlich in einer Anhäufung von fixen Ideen und Streitigkeiten verstrickt ist … Ich hoffe, dass mehr als die Furcht, einen Fehler zu machen, unser Beweggrund die Furcht sei, uns einzuschließen in die Strukturen, die uns einen falschen Schutz geben, in die Normen, die uns in unnachsichtige Richter verwandeln, in die Gewohnheiten, in denen wir uns ruhig fühlen, während draußen eine hungrige Menschenmenge wartet und Jesus ihnen pausenlos wiederholt: ‚Gebt ihr ihnen zu essen‘ …" (EG)

Auf diesem Hintergrund wird noch einmal deutlich, dass der Papst die konkrete Gestalt der Gemeinden unterordnet unter die Frage, wozu wir gesandt sind. So wird dann auch klar, dass das Engagement der Christen nicht zuerst in den Erhalt der eigenen Struktur geht – und also Gabenorientierung der gemeinsamen Sendung der Kirche dient: *„Oft sind wir der Versuchung anheimgefallen zu meinen, der engagierte Laie sei jener, der in den Werken der Kirche und/oder in der Pfarrgemeinde oder der Diözese tätig ist. Und wir haben wenig darüber nachgedacht, wie man einen Getauften in seinem öffentlichen und täglichen Leben begleiten kann; wie er sich in seinem täglichen Dasein mit den Verantwortungen, die er trägt, als Christ im öffentlichen Leben einsetzt. Wir haben, ohne uns dessen bewusst zu sein, eine Elite von Laien hervorgebracht, in dem Glauben, dass nur jene engagierte Laien sind, die mit den Dingen ‚der Priester‘ befasst sind"* (Brief an Kardinal Ouellet, März 2016).

Damit aber zeigt sich auch, dass diese Perspektive zu neuen Formen und Weisen des Kircheseins führt: *„Daher müssen wir erkennen, dass der Laie aufgrund seiner eigenen Wirklichkeit, aufgrund seiner eigenen Identität, weil er in das gesellschaftliche, öffentliche und politische Leben eingebunden ist, weil er an neuen kulturellen Formen beteiligt ist, die sich ständig weiterentwickeln, Anspruch auf neue Formen der Organisation und der Feier des Glaubens hat"* (Ebd.).

Von hier aus lässt sich also noch einmal verdeutlichen, dass die „Explosion" der Gabenorientierung, die sich zeigt in der Perspektive der Sendung, in der die Gaben und Kompetenzen im

Blick auf das Reich Gottes ins Spiel gebracht werden, eine „Implosion" und einen neuen Blick auf das Innenleben der Gemeinschaft freisetzt. Denn gerade so eine exzentrische Perspektive verlangt ebengenau jene starke Innenperspektive: es wird darum gehen, immer wieder zu ermöglichen, dass ebenjener Geist der Sendung erfahrbar werden kann – und so innerlich kräftigt für den Weg der Christen und ihrer Gaben zum Aufbau des Leibes. So wird deutlich, dass Gemeinschaft und Organisation Mittel sein müssen, diese Sendung wirklich werden zu lassen.

6. Gabenorientierung ist nicht steuerbar ... oder doch? – Leitungsdienste umdenken und umpraktizieren

Kirchenentwicklung aus der Perspektive einer radikalen Gabenorientierung stellt das gewohnte Kirchenverständnis auf den Kopf. So sahen wir. Ausgangspunkt war ja die Perspektive, in der die eigentliche pastorale Aktivität in den Händen der Kleriker und Hauptberuflichen lag, die dann Christen mit ihren Gaben als „verlängerten Arm" des eigentlichen Apostolats der Hierarchie sahen. Diese eigentlich durch das II. Vatikanum überwundene Grundperspektive bleibt dennoch bis heute wirkmächtig. So wurde die Frage nach der Gabenorientierung zum einen in der sich differenzierenden Gesellschaft auch zu einer Frage pastoraler Professionalität: spezielle Ausbildungen ermöglichten die Verkündigung des Evangeliums in den komplexen Strukturen der Krankenhäuser, Gefängnisse und anderer Einrichtungen und Institutionen.
So erforderlich dies ist – es kam zu neuen Abgrenzungen, die ehrenamtliches Engagement nur als uneigentliches Hilfsengagement verstehen lassen.
   Gleichzeitig aber entstanden Gemeindeformen, die gewissermaßen die klassische „christianitas" in ihrem Inneren kopierten. Und deswegen wurden Dienste und Gaben nur ansichtig im Inneren der Gemeinde, während die eigentliche Dimension der gemeinsamen Sendung unsichtbar und privat wirkt.

Wir haben diese Perspektive verlassen. Gabenorientierung dreht die Kirche um. Auf einmal sind es die Christen vor Ort, in ihren verschiedenen Lebensbereichen, die aus der Kraft des Geistes Gottes ihre Gaben einbringen, in den verschiedenen Lebenskontexten – und so ihre Identität leben. Damit löst sich aber auch eine übersichtliche Gemeindegestalt aus Gruppen und Diensten langsam auf.

Und das verändert die Frage des Leitungsdienstes. Denn von nun an stellt sich die Frage neu, wie denn Leitung in einer Kirche der Gabenorientierung möglich wird. Diese Kirche konstituiert sich ja gewissermaßen aus dem Zusammenspiel der Gaben und Charismen, die ihrerseits die Sendung der Kirche ins Leben bringen. Nun sind Gaben nicht da, wenn sie da sein sollen. Die charismatisch geprägten Gabenträger bringen sich aus der Kraft des Geistes in den Lebensräumen ein, in die sie sich gestellt und gerufen fühlen. Und wenn dabei neue Formen der Gemeinschaft entstehen, „fresh expressions of church", dann stellt sich die Frage, wie in einem wachsenden Netzwerk von kirchlichen Orten verantwortlich der Dienst der Leitung der Kirche wahrgenommen werden kann.

Klar ist, dass die Gaben in ihrem Aufbrechen nicht steuerbar sind, klar ist aber auch, dass – schon im Ursprung des Christentums – es eines Leitungsdienstes bedarf, um die Gabenfülle und ihre Orientierung zu ordnen und zu gestalten.

Verkündigung und Heiligung – Gaben auf den Weg bringen

Das Wachsen und Werden der Gaben in der Gemeinschaft der Getauften kann vor allem durch den Dienst der Verkündigung und Heiligung gestärkt werden. Denn es ist ja deutlich, dass das Hören auf das Wort Gottes und das Eintauchen in die Wirklichkeit Gottes in den Sakramenten die Kraft des Geistes in den Gläubigen wecken. Genau darin liegt also die erste Aufgabe der Leitungsdienste in der Kirche: ermöglichen, dass die Christen in ihrer Teilhabe am Leben des Geistes wachsen. Es geht mithin nicht nur um die Frage von Predigt und Eucharistie, sondern auch und gerade darum, wie Christen auf ihrem Glaubensweg wachsen können.

Dabei spielt die Erfahrung der Gemeinschaft eine wesentliche Rolle: denn sie ist der Raum der Geistesgegenwart, in der das Wort und das Sakrament nähren und prägen können. Sie ist auch der Raum, in dem Gaben entdeckt werden und reifen können. Und deswegen braucht es den Dienst an der Geschwisterlichkeit, der Ermutigung zum Miteinander, zum Wachsen in die Tiefe.

Wenn in den vergangenen Jahren im Blick auf eine lokale Kirchenentwicklung das Werden und die Entwicklung örtlicher Gemeinden gefördert wurden und werden, dann auch und gerade in einer geistlichen Perspektive. In den südlichen Kontinenten konnten sich solche Gemeinschaften bilden, weil und insofern die Logik des Evangeliums die Glaubenden immer mehr durchdringen konnte. Die Entdeckung der „lectura popular" und des „Gospel Sharing" ermöglichte das Wachsen der Glaubenstiefe der einzelnen Christen in den „Small Christian Communities": wie erstaunlich ist es, wie viele Gaben hier ans Licht kommen, nach innen wie nach außen.

Von daher ist klar, dass die eigentliche Aufgabe der Verantwortlichen darin besteht, den Christen vor Ort in Wort und Liturgie die Möglichkeit zu eröffnen, im eigenen Glauben zu wachsen und so die eigene Berufung und Sendung zu entdecken. Dazu bedarf es einer Seelsorge, die das Bewusstsein weckt für die Universalität der vielen Gaben in dem einen Leib Christi. Die Module und der bewusstseinsbildende Workshop, die in diesem Buch beschrieben sind, machen dann einmal mehr hinreichend deutlich, dass es nicht Aufgabe der Hauptberuflichen ist, den ihnen anvertrauten Christen ein Gabenseminar angedeihen zu lassen, als vielmehr das Bewusstsein zu entwickeln und in den Gläubigen zu entfalten, dass jeder und jede eine Sendungsberufung und eine spezifische Gabe hat, die er einbringen kann zum Aufbau des Reiches Gottes.

Dienst an der Einheit

Und natürlich braucht es den paulinischen Dienst an der Einheit des Leibes Christi. Doch dieser Dienst erhält in einem weiteren Verständnis der Gabenorientierung eine zusätzliche Dimension.

Auf der einen Seite braucht es diesen Dienst im Innern der Gemeinschaften: je mehr Christen ihre Gaben entdecken, desto bedeutsamer wird die Frage, wie dieses Miteinander gut gestaltet werden kann: denn natürlich taucht auch Konkurrenz auf.

Gerade im Kontext der Indienstnahme der Charismen, Gaben und Kompetenzen im Innenraum der kirchlichen Gemeinschaft ist deswegen der spezifische Dienst der Leitung, der die Einheit wahrt, sehr wichtig. Zu fragen ist hier, wie Gaben und Kompetenzen geordnet ins Spiel kommen, wie Raum geschaffen werden kann für unterschiedliche Gaben, wie Beauftragungen und Dienste zeitlich begrenzt werden, damit aus Gaben nicht Machtpositionen werden – und wie die Gemeinschaft der Gläubigen insgesamt Verantwortung nicht einfach auf bestimmte Gabenträger delegiert, sondern sich gemeinsam gesandt sieht, das Evangelium zu bezeugen.

Deswegen besteht der Leitungsdienst eben auch darin, Konflikte und Konkurrenzen auszubalancieren. Zugleich muss aber auch durch diesen Leitungsdienst ermöglicht werden, dass echte Leitung in bestimmten Bereichen kompetent wahrgenommen werden kann. Menschen mit den entsprechenden Begabungen und Kompetenzen etwa zu Beerdigungsleiterinnen und -leitern auszubilden, zu Katechetinnen und Katecheten, zu Verantwortlichen der Liturgie und Diakonie – das erfordert klare Rahmenbedingungen und Curricula und klare Sendungs- und Entpflichtungswege.

Vor allem aber ist es hier Aufgabe der Leitung, die gesamte Gemeinschaft der Gläubigen in diesen Prozess des Rufens und Sendens einzubeziehen. Wie geht dies „praktisch"?

Dienst an der Vielfalt der Sendungen

Wenn aber Gabenorientierung sich vor allem in der gemeinsamen Sendung nach außen zeigt, wenn aufgrund der reichen Gaben des Geistes viele neue Initiativen und Aufbrüche „wie von selbst" ins Leben kommen, dann entstehen weitere Herausforderungen.

Denn es werden aus der Initiative von Einzelnen und Gruppen neue Weisen und Formen kirchlichen Lebens entstehen und wachsen. Es werden neuartige Ausdrucksformen und Gemeinschaften des Evangeliums wachsen, die sich nicht so einfach einordnen lassen in das Gefüge kirchlichen Lebens.

Das ist jetzt schon so und eine Kunst: die Zeit ist vorüber, in der die klassische „Gemeinde" die Normform kirchlichen Lebens genannt werden konnte. Diese Gemeindeform zerfließt aus verschiedenen Gründen, die hinreichend analysiert sind. Aber sie zerfließt nicht ins Nichts. Viele Menschen engagieren sich im Innenbereich kirchlichen Lebens auf ihre je eigene Weise und finden sich als Gemeinschaft – und genau so ist es auch in einem weiteren Kontext der katholischen Einrichtungen und Institutionen. Schon heute bilden sie ein weitgespanntes und differenziertes Netzwerk.

Aus der Perspektive eines Dienstamtes der Einheit und also der Katholizität der Kirche bedarf es eines Dienstes der Verknüpfung und wechselseitigen Bereicherung dieser verschiedenen Orte. Es zeigt sich dabei, dass es nicht um eine wechselseitige Exklusion gehen kann. Genau das ist ja in den letzten Jahrzehnten hinreichend fatal geschehen: so kam es zu der wechselseitigen Profilierung von Lebenswelten des Evangeliums, die sich aus dem Blick verloren. Wesentlich wurde, dass der Dienst an der Einheit sich reduzierte auf Teilwelten wie Pfarreiseelsorge und Kategorialseelsorge, mit einem fast exklusivistischen Ansatz: was nicht mehr hineinpasste, wurde jeweils für den anderen fremd und dann unsichtbar.

Damit aber gerät Gabenorientierung in ein merkwürdiges „Zwischen", vor allem dann, wenn sie nicht im Binnenbereich liturgischen und katechetischen Handelns verortet ist. Menschen, die sich – aus der Kraft des Glaubens und der Energie des Geistes – dort engagieren, wo sie leben und wirken, Menschen, um die herum Gemeinschaft wächst und entsteht, werden häufig gar nicht als „kirchlich" wahrgenommen, weil sie sich jenseits der allzu engen Kategorien bewegen, die sich scheinbar normativ als Territorial- und Kategorialseelsorge entfalten.

In dem Kontext dieser Perspektive stellt sich dann nämlich heraus, dass Pastoral und kirchliche Sendung und Sammlung vor allem Aufgaben der Hauptberuflichen und ihrer Professionalität wären. Es bleibt die Kategorie des „Ehrenamtlichen", der weniger professionell und also als Amateur und echter Laie zwar mitwirken kann an den Aufgaben und Diensten, die wichtig sind – aber in einer konstitutiven und hierarchischen Abhängigkeit von der pastoralen Planung Hauptberuflicher und Priester.

Genau diese Perspektive aber haben wir mit einem weitgefassten Verständnis der Gabenorientierung hinter uns gelassen. Gaben bilden sich eben nicht im Kontext des hauptberuflichen Dienstes heraus, sondern umgekehrt gilt: alle hauptberuflichen Dienste dienen der Entfaltung der vielfältigen Gaben – und zwar nicht nur in den Quellraum kirchlichen Lebens, sondern vor allem der Entfaltung in den vielfältigen Sendungen mitten in der Welt. Professionalität wie hierarchische Stellung dienen dann also der Wahrnehmung und Unterstützung der Begabten und ihres Wirkens.

In einer kirchlichen Perspektive der Sendung geht es dann zum einen darum, diese Gaben und ihre Wirkkraft zu stützen, und sie zugleich als Frucht des Evangeliums wertzuschätzen und im Netzwerk kirchlichen Lebens zur Geltung zu bringen. Steuerung liegt hier in der Einknüpfung auch neuer kirchlicher Gestalten in das Netz des kirchlichen Lebens. Das geschieht zurzeit noch nicht hinreichend und bedeutet wohl auch eine Umkehr des bisherigen Verstehens von Leitung und Steuerung: denn es geht hier nicht zuerst um herstellendes Handeln, sondern um ein wahrnehmendes und inkludierendes Leiten und Steuern, das weniger die Verkirchlichung anzielt im Blick auf ein integrierendes Hineinziehen in den Raum einer Sozialform als vielmehr die katholische Weitung im Blick auf die Verkündigung des Reiches Gottes, die durch das ganze wandernde Gottesvolk geschieht.

Damit verändert sich die Beschreibung dessen, was Kirche meint. Sie steht dann nämlich nicht im Gegenüber zur Welt, sondern ist gerade sie selbst, indem das ganze Volk in unterschiedlicher Weise seine Sendung lebt. Dabei wachsen und werden wachsen unterschiedlichste Formen gelebter Community.

Dienst an diesen vielfältigen und immer wieder zu entdeckenden Gemeinschaftsformen ist dann eher ein bekräftigender, in den Ursprung hineinbindender Dienst. Nicht umsonst ist dieser Dienst vor allem ausgedrückt durch die Verkündigung des Evangeliums und die Feier des (sakramentalen) Gründungsgeheimnisses: Gemeinde, Kirche wird aus dieser Kraft, in der Vielfältigkeit, der Katholizität ihrer Formen und immer wieder neuer Formen, die die Sendung des Evangeliums in dieser Welt hervorbringt.

7. Gabenorientierung zwischen Rufen und Berufenwerden – Von der Entmythologisierung einer heiligen Kuh

Wer in der katholischen Kirche von Berufung redet, der gerät in unsichere Regionen. Zu lange, zu gerne wurde Berufung zu einem Sonderbegriff in der Welt der besonderen Stände der Kirche: Berufung zum Priestertum, Berufung in den Ordensstand – das war und ist zuweilen fast unantastbar, klingt heilig – und ist für die, die sich berufen fühlen oder wissen, auch ein sehr heiliges Geschehen.

Aber: auch im Kontext der Berufungen in den priesterlichen Dienst oder in die Ordensgemeinschaften ist „Berufung" nicht hinreichend beschrieben mit einer subjektiven Berufungserfahrung. Denn neben der persönlichen Innenerfahrung ist Berufung immer „äußerlich": eine Gemeinschaft, eine Person ruft an, fragt an und erkennt in der gerufenen Person eine Begabung, eine Sendung, eine Kompetenz, die für die Gemeinschaft, für das Ziel dienlich sein kann. Und genau so ist es ja auch im Kontext etwa des priesterlichen und diakonalen Amtes. Ein möglicher Kandidat trifft auf den Ausbildungsleiter und wird dann – nach positivem Ausgang der Erstgespräche – aufgenommen in einen Ausbildungsgang. In meiner Zeit als Regens eines Priesterseminars sprach ich in diesem Zusammenhang von einem „begründeten Anfangsverdacht" für eine Berufung zum priesterlichen Dienst: die Gemeinschaft im Seminar, die Studienerfolge, die Fragen persönlicher Entscheidungsfindung – und nicht zuletzt die Praktika spielen keine kleine Rolle. Aber gerade bei den Letzteren geht es nicht um die einfache Praxiserfahrung – es geht vielmehr um die Frage, ob auch das Volk Gottes diese Berufenheit wahrnehmen kann, ob also der Kandidat geeignet ist, dem Volk Gottes zu dienen.

Genau das nämlich hatte mich seinerzeit getroffen, als auf meine Frage an einen Kirchenrechtler, was denn eine Berufung sei, dieser antwortete: das ist der Moment, in dem der Bischof den Kandidaten „erwählt".

lex orandi – lex credendi

In der Tat ist es beeindruckend, die liturgische Logik der Priesterweihe näher in den Blick zu nehmen. Denn auch wenn sie uns scheinbar zur Frage der Gabenorientierung wenig beitragen kann, werden wir wichtige Entdeckungen machen können. Die Liturgie der Priesterweihe macht zum einen deutlich, dass es der persönlichen Kompetenz und Disposition (der persönlichen Berufung) bedarf, so dass der Kandidat sich wirklich bereiterklären mag. Ohne das deutliche und persönliche Ja in dieser Feier kann die Berufung gar nicht ausgesprochen werden. Aber klar ist ja auch, dass im Vorfeld schon ein Gemeinschaftsbezug da sein muss. Bei der Priesterweihe wird dies deutlich in der Rede von der Inkardination. Es gibt keine absoluten Weihen in der katholischen Kirche – und selbst Weihbischöfe sind auf ein bestimmtes Gottesvolk hin mindestens virtuell hingeordnet. Inkardination ist aber nicht zuerst und nicht nur ein rechtliches Geschehen, sondern gründet sich in einer Theologie des Volkes Gottes: ebendiesem konkreten und geerdeten Volk Gottes und seinem jeweiligen Bischof ist der Kandidat zugeordnet, soll er in einem Dienstverhältnis stehen, soll er wirken, damit dieses Volk leben kann aus der Gnade Gottes. Deutlicher kann dies nicht werden als in der Frage des Bischofs nach der Würdigkeit der Kandidaten. „Das Volk und die Verantwortlichen wurden befragt, und ich bezeuge, dass diese sie für würdig halten" – ein spannender Satz, denn er macht deutlich, dass auch nicht der Ausbildungsleiter das Würdigkeitsurteil spricht. Er macht sich vielmehr zum Sprecher des Volkes, das diese Würdigkeit – die Geeignetheit – erkennt, wie auch der anderen Ausbilder und der Ausbildungsgemeinschaft, die diese Würde erkennt.

Wenn dann der Bischof den Kandidaten erwählt – und wir sind immer noch am unmittelbaren Beginn der Weiheliturgie – dann antwortet das Volk „Dank sei Gott": dann erst geschieht eine kirchliche Berufung, bei der dann in der eigentlichen Weihehandlung der Bischof sich zum betenden Sprecher des Volkes macht. Denn das Weihegebet ist logisch als Gebet im „Wir" formuliert und ist eine Anrufung des Volkes im Heiligen Geist, auf dass dieser Kandidat für das Volk Gottes Segen zusagen kann.

Eine spannende Logik

Darf man also sagen, dass die „innere, persönliche Berufung" ein wichtiges Element ist, das aber unbedingt umgriffen werden muss durch das Erkennen einer Gemeinschaft, die letztlich rufend und betend diesen Menschen in den Dienst nimmt? Diese Logik hilft nun auch, Gabenorientierung noch einmal neu einzubinden in den Vollzug und das Werden einer Gemeinschaft.

Schon Paulus wusste um diese Dynamik innerhalb seiner Gemeinschaften, die in Korinth und in Rom entstanden. Denn auf der einen Seite ist für Paulus erst einmal klar, dass der eine Geist die Talente und Kompetenzen der Christen ausrichtet auf den Aufbau der Gemeinschaft, auf den Nutzen füreinander. Klar ist dabei vor allem auch, dass jede und jeder eine solche Gerichtetheit seiner Gabe einbringen kann. Niemand ist da, der an dieser Stelle ohne eine solche nützliche Begabung ausgestattet ist. Paulus geht davon aus, dass jeder mitwirkt am Werden des Ganzen. Aber klar ist eben auch, dass es immer um das Werden einer geordneten Vielfalt geht: und Paulus selbst scheut sich ja nicht, die ekklesiale Dimension vor die persönlichen Ansprüche zu stellen. Es geht nicht darum, die eigenen Gaben und Kompetenzen behauptend durchzusetzen, sondern es braucht ein Miteinander, in dem das Zusammenspiel der Gaben und Kompetenzen letztlich jene Gegenwart und Herrlichkeit Gottes ins Licht rückt, für die die Gemeinschaft und das Dienen aneinander der Rahmen sind.

Was also in der Weiheliturgie gefeiert wird, das sind auch der Rhythmus und die innere Logik des Verhältnisses von Gabenorientierung und Berufung/Rufen.

Eine Praxis des Rufens

Schon die Begegnungen und Erfahrungen mit den Christen in Poitiers haben an dieser Stelle überrascht. Die französischen Theologinnen und Theologen sprachen im Kontext der örtlichen Gemeinden immer wieder sehr unbefangen von einer „Praxis des Rufens": und sie meinten in der Tat, dass örtliche Gemeinschaften dann sich selbst konstituieren können, wenn sie fünf Personen finden, die gerufen und gewählt werden können.

Das ist zunächst irritierend: Geht es denn zunächst um fünf Personen, die die Dienste der Diakonie, der Liturgie, der Verkündigung, der Gemeinschaft und des Umgangs mit dem Geld verantworten wollen? Aber je länger man hinschaut, ist umso leichter zu merken, dass das Suchen und Finden, das Rufen und Beauftragen einen längeren Prozess voraussetzt, in dem eine Gemeinschaft vor Ort – und in Frankreich sind damit immer alle Einwohner eines Dorfes oder Stadtteils gemeint – sich ihrer eigenen Verantwortung für die ganze Gemeinschaft bewusst wird. Solche Prozesse führen dazu, dass sich die Menschen ihr eigenes „Kirchesein" zu eigen machen – und dann in der Lage sind, sich gegenseitig Verantwortung zuzusprechen, zu rufen, zu wählen.

Die Möglichkeit des Rufens ist also Ausdruck eines gemeinsamen Wollens der Gemeinschaft, die eine Person oder mehrere Personen als geeignet erkennt und ihnen zutraut, im Namen der Gemeinschaft und für diese Gemeinschaft zu handeln.

Es ist sehr spannend, dass in den örtlichen Gemeinden von Poitiers das Rufen zu einer sehr alltäglichen Praxis wurde, zumal die Gerufenen immer wieder neu ausgewählt werden mussten. Die Einsetzung einer örtlichen „équipe d'animation" ist dann aber tatsächlich ein Gebetsgeschehen in der gemeindlichen Eucharistiefeier, in der für die Gerufenen der Segen Gottes erbeten wird.

Die Bonner Gemeinde St. Petrus hat – mit einem langen Anweg – diesen Weg des Rufens in die deutsche Praxis übertragen. Es hat uns sehr beeindruckt, den konsequenten Hinweg dieser Pfarrei nachvollziehen zu können. Denn er ist eine geistlich gegründete Abkehr von einer Kultur der Ehrenamtlichkeit, die von bestimmten Aufgabentableaus her argumentiert und damit Ehrenamtliche in den Dienst bekniet und bittet, die in irgendeiner Weise geeignet erscheinen.

Das setzt einen geistlichen Prozess in der Glaubensgemeinschaft voraus. Und erst als dieser Prozess zu einer Zustimmungsreife für dieses Modell gelangt war, wurde auch hier eine Praxis des Rufens ausprobiert. Was heißt das konkret? Es braucht viel Gespräch und Bewusstseinsbildung zum Thema der eigentlichen Berufung zum Glauben und des Lebens in der Gemeinschaft des Glaubens. Es ist wahrscheinlich kein Zufall, dass gerade in dieser Pfarrei sehr intensive Bemühungen um eine gemeinsame Spiritualität und den Austausch über den eigenen Glauben in Gang gekommen sind.

Das wichtige Gremium der Berufungsfindung war hier der Pfarrgemeinderat. In der Frage der Berufungen haben die Mitglieder des Pfarrgemeinderats gerade auf Kompetenzen von Menschen geschaut, die nicht schon sehr engagiert im Innenbereich der Pfarrei beschäftigt waren – aber dennoch als Christen in ihrem Umfeld mit besonderen Gaben wirkten. Sie sollten dann „berufen" werden.

Diese „Berufungen" waren besondere Erfahrungen: ein Mitglied des Rates oder auch der Pfarrer besuchten die möglichen Berufenen. Eine ungeheuer spannende Erfahrung ergab sich. Denn die, die nun auf ihre Gabe hin gefragt wurden, waren häufig überrascht, aber auch innerlich getroffen, dass die Gemeinde sie „sah" und „rief". Denn das stellte sie in eine innere und auch geistliche Entscheidung vor Gott.

Diejenigen, die sich dann bereit erklärten, wurden in einem feierlichen Gottesdienst der Gemeinde vorgestellt und durch sie gesegnet – und eingeladen, den Bereich zu gestalten, für den sie gesandt wurden (etwa Diakonie, Liturgie etc.). Jeden Monat treffen sie sich in einem Team, um miteinander den Stand ihres Tuns im Licht des Evangeliums zu beleuchten.

Grundsätzlich geschieht dies schon immer in anderen Gemeinden. Oft ist es auch hier so, dass Räte oder Teams vor Ort versuchen, geeignete Kandidaten zu finden und dann in den Dienst zu rufen. Aber meist bleibt es eine Sache weniger: Räte denken darüber nach, wer es machen könnte – und dann werden Personen angesprochen, die in irgendeiner Weise „sichtbar" geworden sind.

Für die Gemeinde ist dies oft nicht nachvollziehbar und sie wird daran gewöhnt, sich darauf zu verlassen, dass irgendwer irgendjemanden finden wird. Das Rufen als Grundkultur des Kircheseins bringt aber neu in Erinnerung, dass zum einen der Horizont weiter gefasst werden kann und muss: sollte nicht klarer werden, dass die gesamte Gemeinde für dieses Rufen mitverantwortlich ist – und dass zum anderen auch Menschen gerufen werden können, die eben noch gar nicht im Blick sind?

Rufen und Gabenorientierung

Die hier beschriebene Praxis des Rufens wirft einen interessanten Blick auf die Frage, wie im Kontext kirchlicher Entwicklung die Frage nach den Gaben und Kompetenzen neu in den Blick zu nehmen ist. Zunächst ist es gerade für die Dienste innerhalb einer Pfarrei oder Gemeinde wichtig, dass genau hingeschaut wird, welche Personen Gaben oder Kompetenzen haben und schon in ihrem Leben ins Spiel bringen. Es sind eben nicht immer Personen, die schon gemeindliches Engagement kennen. Das bedeutet aber umgekehrt, dass Gaben und Kompetenzen und Fähigkeiten schon immer vorliegen und bekannt sind. Im vorliegenden Fall ging es unter anderem um einen Hotelier, der im Stadtteil sehr gut vernetzt war – und den viele kannten. Es ging weniger um die Frage seines persönlichen Glaubens, sondern vielmehr um seine belegte Kompetenz und Sympathie. Weil er bekannt war als jemand, der wie kein anderer Kommunikation und Beziehung im Stadtteil lebte, konnte man ihn fragen, ob er diesen Dienst für einige Jahre in einer Teilgemeinde ausüben wollte – zum Nutzen aller.

Wichtig war hier auch, dass diesen Kompetenzen sehr viel zugetraut wurde. In diesem Sinne brauchte es für den Aufgabenbereich, für den die Person jeweils gefragt wurde, erst einmal keine weitere Ausbildung – denn es war genau die Fähigkeit, die sie schon lebten, die nun in den Dienst genommen werden sollte zum Aufbau der Kirche im Stadtteil. Wenn man den „Gerufenen" und „Beauftragten" zuhörte, dann wurde schnell deutlich, dass die Herangehensweise an ihren Dienst eher „nach außen" gerichtet war, in den Stadtteil und seine Bedürfnisse. Das macht noch einmal deutlich, dass gerade die Gabenorientierung nicht zuerst nach innen gerichtet ist – sondern nach außen, in die Welt hinein.

Es geht also nicht zuerst um eine Indienstnahme von Gaben und Kompetenzen, um die eigene Gemeinschaft stärker zu machen – sondern diese Gemeinschaft lebt durch diese Gaben ihre Sendung zum Reich Gottes.

Aber die Praxis des Rufens und Sendens macht zugleich deutlich, dass natürlich Personen mit ihren Gaben und Talenten schon immer ihren Weg gehen und sich einbringen in das menschliche Miteinander. Das Rufen aber geschieht aufgrund des gemeinsamen Erkennens dieser Wirklichkeit durch die Gemeinde. Es ist dann nicht nur so, dass ein Talent, eine Fähigkeit und eine Kompetenz entdeckt wird – es ist vielmehr auch wichtig, dass diese Begabung hineingehört in den Weg der Gemeinschaft. Charismen und Gaben, Kompetenzen und Fähigkeiten gibt es vielfach, entscheidend ist aber auch der Ruf, diese Gaben in den Dienst zu stellen. Das gilt jedenfalls dann, wenn es um einen Dienst der Kirche geht, zu dem ja die Berufenen auch beauftragt (und begleitet) werden.

In ähnlicher Weise gilt dies aber auch universal. Es reicht ebengerade nicht, dass Menschen über bestimmte Gaben verfügen, bestimmte Kompetenzen und Talente haben. Sie können natürlich immer versuchen, diese einzubringen, aber im Letzten entscheidet die Gemeinschaft über die Wirksamkeit und Echtheit dieses Talents. Die Eingebundenheit in gemeinschaftliche Kontexte und die Resonanz der Gemeinschaftseinbindung entscheidet auch hier über die Wirksamkeit einer Gabe. Insofern gibt es auch im öffentlich-gesellschaftlichen Bereich so etwas wie eine Berufenheit, die sich nicht aus den persönlichen inneren Gerufenheiten allein erschließt.

Berufung ist keine heilige Kuh

Nein, man kann sich nicht auf seine Gaben berufen, und auch nicht auf seine Berufung zu etwas – man wird mit seinen Gaben und Kompetenzen berufen, einen Dienst zu tun am Wachsen und Werden der Gemeinschaft. Das scheint mir eine wichtige Konsequenz des Nachdenkens über die Erfahrungen aus Poitiers und anderen Erfahrungsorten zu sein.

Zu stärken ist deswegen der Raum der Gemeinschaft, in der und durch die Gaben zur Geltung kommen. Diese Gemeinschaft braucht ihrerseits ein Bewusstsein ihrer Sendung und

Aufgabe, damit dann von ihr Begabungen erkannt und in den Dienst gerufen werden können.

So führt die Rede von dem konstitutiven Zusammenhang von Berufung und Gaben hinein in die Frage, wie sich eine Gemeinschaft als Weggemeinschaft mit einer Vision und Sendung selbst versteht. Auch hier wird also klar: je deutlicher eine Gemeinschaft für sich entdeckt, wohin sie gesandt ist, welches ihre Aufgabe und ihre Selbstvollzüge in diesem Kontext sind, desto einfacher wird die Frage nach der Gabenorientierung. Es geht nicht allgemein um Gaben, es geht um jene Kompetenzen und Fähigkeiten, die für diesen Weg gebraucht und in den Dienst genommen werden können. Mit anderen Worten: eine echte Gabenorientierung setzt einen Gemeindekontext voraus, der sich selbst bewusst auf einen Weg macht. Dann nämlich passiert es nicht, dass Gabenseminare zur Entdeckung von Gaben führen, die anscheinend gar nicht gebraucht werden.

Dass die Berufung auf eigene Gaben oder Aufgaben also eine heilige Kuh werden könnte, das liegt daran, dass die Gemeinschaft, in der und für die solche Gaben wirken könnten, nicht hinreichend reflektiert und bedacht ist. Dann aber entstehen kontextlose Aktivitäten um Gabenseminare ebenso wie die Schwierigkeiten, die daraus erwachsen, dass Gaben und Talente zum Rechtanspruch werden können. Diese heiligen Kühe zu schlachten ist die wichtige Aufgabe, vor der eine gabenorientierte Kirchenentwicklung steht.

II. Weitungen

1. Gabenorientierung und der Blick auf die Zeichen der Zeit

Obwohl es durchaus stimmt, dass Gabenorientierung „en vogue" ist, so geht es doch in erster Linie nicht um die Frage nach Gabenseminaren und auch nicht um die Frage nach einer gabenorientierten Pastoral als solcher. Vielmehr geht es um eine Vision der Kirche für das 21. Jahrhundert – diese These haben wir in diesem Buch postuliert, intensiv diskutiert und laden weiter zur Diskussion ein. Sie ist ja vor allem auch das Ergebnis eines Lernwegs, den wir in den vergangenen Jahren gegangen sind und der uns in der Tat herausgefordert hat – und immer wieder neu herausfordert – unser Verständnis von Kirche gerade auch vor dem Hintergrund der gesellschaftlichen Entwicklungen zu reflektieren und zu weiten – und immer wieder auf den Prüfstand zu stellen.

„Ist es nicht merkwürdig", so schreibt Henri Boulad, „dass die Vermehrung des sozialen Engagements, die Zunahme des Gemeinsinns, der Anstieg des menschlichen Bewusstseins in Bezug auf die Probleme der Armut und der Not parallel verlaufen zum Rückgang dessen, was man ‚den Glauben‘ nennt? In demselben Maß, in dem es ein Phänomen der Säkularisierung gibt, ein Abdriften in Bezug auf die Kirche, konstatieren wir eine Zunahme des sozialen Wirkens in der Welt. Das bedeutet, dass der Akzent, der früher auf den Kult gelegt worden ist, heute mit derselben Energie auf den Menschen gelegt wird."[49]

49 Henri Boulad: Mystische Erfahrung und soziales Engagement, Salzburg 1997, S. 122–123.

Diese Unterscheidung ist uns geläufig: hier die Kirche, da die „Welt". Und diese Unterscheidung hat ja auch eine Geschichte, die heute noch weiterwirkt. Und doch zeigt sich Neues: Es muss nachdenklich stimmen, dass es nie zuvor in unserer Gesellschaft so viele Menschen gegeben hat, die sich auf freiwilliger Basis an unterschiedlichsten Orten engagieren – auch, aber eben nicht in erster Linie, in „Kirche".

Und genau deshalb scheint auch das kirchliche Lamento, dass ja „keiner mehr da ist", ohne Ende weiterzugehen. Papst Franziskus spricht an dieser Stelle sehr klare Worte: *„Oft sind wir der Versuchung anheimgefallen zu meinen, der engagierte Laie sei jener, der in den Werken der Kirche und/oder in der Pfarrgemeinde oder der Diözese tätig ist. Und wir haben wenig darüber nachgedacht, wie man einen Getauften in seinem öffentlichen und täglichen Leben begleiten kann; wie er sich in seinem täglichen Dasein mit den Verantwortungen, die er trägt, als Christ im öffentlichen Leben einsetzt. Wir haben, ohne uns dessen bewusst zu sein, eine Elite von Laien hervorgebracht, in dem Glauben, dass nur jene engagierte Laien sind, die mit den Dingen ‚der Priester" befasst sind, und haben den Gläubigen vergessen, vernachlässigt, dessen Hoffnung oft im täglichen Kampf, den Glauben zu leben, schwindet. Diese Situationen kann der Klerikalismus nicht sehen, denn er ist mehr darum besorgt, Räume zu beherrschen als Prozesse zu erzeugen."* [50]

Ehrenamtliches Engagement, das auch Sache der Kirche ist, begrenzt Franziskus gerade nicht auf die „Dinge der Priester", das Tun in der Kirche. Ehrenamtliches Engagement stellt für Franziskus die Kirche genau mitten in die Welt. Hier eröffnet der Papst eine neue Perspektive für den Wandel im kirchlichen Engagement: so, wie Menschen sich heute engagieren, ihre Fähigkeiten und Talente ins Spiel bringen, als Gabe und Segen für andere, endet dies ebengerade nicht an der Kirchentür. Der Blick durch die Kirchentür, den wir hier mit Franziskus tun

---

50 Papst Franziskus, Schreiben an den Präsidenten der Päpstlichen Kommission für Lateinamerika, Kardinal Ouellet, 2016.

dürfen, dieser Blick von beiden Seiten – sowohl ins „Innere" hinein als auch von innen nach „draußen" – zeigt uns sehr deutlich, dass es nicht um zwei Welten geht: Kirche ist mitten in der Welt, ist in sie gesandt.

Dieser zwiefältige Blick zeigt aber auch, wie stark wir gerade eine Verflüssigung der geprägten Bilder von Kirche erleben. Mit dieser Verflüssigung geht auch ein Paradigmenwechsel in unserer Kirchenkultur einher: von einer versorgenden hin zu einer partizipativen Kirche, von einzelnen Projekten hin zu visionsorientierten Prozessen, von einer „Komm-her-Kirche" hin zu einer Kirche, die genau durch das Leben ihrer Sendung zu vielen unterschiedlichen Gestalten von Kirche wird, vom bloßen „Organisieren" hin zu Prozessen geistlichen Wahrnehmens, Hörens und Unterscheidens, von einer „Wagenburgmentalität" hin zu einer sozialraumorientierten Sensibilität.[51] Gerade auch der Aspekt der immer stärker hervortretenden sozialraumorientierten Sensibilität zeigt in dem vielfältigen freiwilligen Engagement so vieler Menschen – und das nicht nur im Blick auf Kirche –, dass sich ein fundamentaler Wandel schon vollzogen hat und immer weiter vollzieht, der einfach unter dem klassischen Titel „Ehrenamt" nicht mehr zu fassen ist.[52]

Ganz klar zeichnet sich hier das Herausbilden einer neuen Kultur der Ehrenamtlichkeit ab. So fragte zum Beispiel das Allensbacher Institut für Demoskopie schon seit den 60er Jahren bis hin in dieses Jahrtausend[53] immer wieder nach der ehrenamtlichen Mitarbeit ohne die Übernahme von klar definierten Ehrenämtern. Seit 2002 lautet die meistens eingesetzte Trend-

51 Vgl. hierzu Christian Hennecke/Gabriele Viecens, Der Kirchenkurs, Würzburg 2016.
52 Vgl. zur sozialraumorientierten Sensibilität die beiden Studien zur Flüchtlingsarbeit: EFA-Studie 1, 2015, http://www.fluechtlingshilfe-htk.de/uploads/infos/49.pdf, und Studie 2, 2016, http://www.fluechtlingsratbrandenburg.de/wp-content/uploads/2016/08/Studie_EFA2_BIM_11082016_VOE.pdf.
53 Vgl. Institut für Demoskopie Allensbach, Motive des bürgerlichen Engagements, 2013.

frage: „Haben Sie ein Ehrenamt, oder arbeiten Sie auf andere Weise privat aktiv in Gruppen oder Organisationen mit?" Diese Unterscheidung zwischen einem „Ehrenamt" und einer „ehrenamtlichen" bzw. „engagierten freiwilligen Mitarbeit" ist interessant, zeigt sich doch auch hier ganz deutlich der Wandel in der Kultur des Engagements. Die Hauptmotivation für dieses Engagement fasst Allensbach so zusammen: „… die Freude am Engagement, der Wunsch, etwas für andere zu tun, die Ausrichtung auf eine besondere Gruppe oder ein besonderes Anliegen, die Möglichkeit, etwas mit dem Engagement zu bewegen und der Wunsch, Dinge zu verändern."[54]

Der Wunsch, etwas für andere zu tun, etwas zu bewegen – dies dürfte meistens auch eine Grundmotivation von kirchlichem Engagement sein. Aber eben nicht nur, denn die Kirche ist ja in der Tat keine Parallelwelt. Wenn man genauer hinschaut auf das Tun der Engagierten jedweder Couleur, so zeigt sich, dass es immer sehr stark um Haltungen geht, aus denen sich dann – kontext- und personengebunden – selbstwählbare und selbstgewählte Handlungsoptionen ergeben. Deutlich wird hier vor allem der hohe Stellenwert von Partizipation und Selbstorganisation. Wie stark dabei der Einfluss unserer geprägten Bilder (und nicht nur unserer Bilder von Kirche!) ist, darüber sprachen wir bereits im ersten Kapitel unseres Buches. Und in der Tat erleben wir ja momentan eine deutliche Verflüssigung dieser Bilder, gerade auch in dieser Forderung vieler Menschen nach Partizipation (selbstbestimmt und nicht im Modus der Zuteilung durch „höhere Autoritäten") und nach Selbstorganisation – so wie es die vielen Untersuchungen zum Thema belegen. Immer seltener finden wir die „klassischen" Ehrenamtlichen, die – einmal „eingefangen", sei es von sich selber oder von anderen – ihr Engagement bis zum Ender aller Tage fortführen. Und, nicht ganz uninteressant, häufiger als anderswo finden wir diesen Typ von Ehrenamtlichkeit auch im kirchlichen Bereich. Wir kennen das geradezu klassische Beispiel von „Tischmüttern"

---

54 Vgl. ebd.

bei der Erstkommunionvorbereitung, die einmal mit den eigenen Kindern angefangen haben und dann weitermachen – manchmal noch über die Enkelgeneration hinaus –, weil ja „niemand sonst es macht". Die neue Art der „Ehrenamtlichkeit" tickt aber anders. Da bestimmen die Menschen selbst, wofür sie sich einsetzen, aber auch, wie lange sie das tun und in welchem Umfang. Gerade diese zeitliche Begrenzung wird heute immer wichtiger und fördert so auch die Partizipation von Menschen, die sich nie engagieren würden, wenn es kein klares Ende des Engagements gäbe. Und damit sind sie keineswegs weniger engagiert, nur anders.

Und das gilt eben gerade auch für die Kirche. Wäre es nicht sehr zu wünschen, dass wir auch hier, im inneren Bereich von Kirche, immer mehr genau diesen selbstbewussten und selbstbestimmten Christen begegnen, die sich mit ihren Gaben einbringen, ihre Bereiche selbständig gestalten können und dürfen. Matthias Sellmann formuliert das so: „Überall entwickelt sich das Ethos der Selbstbestimmung und der Selbstorganisation. Das Paradigma der Versorgung von oben wird brüchig. In der ‚umfassenden Bürgergesellschaft' dienen die übergeordneten Ebenen subsidiär den unteren."[55] Und genau diese Möglichkeiten von echtem selbständigem Handeln einerseits und der angemessenen Unterstützung, da wo sie wirklich nötig ist, andererseits, scheint einen Anreiz zu bieten für Menschen, die sich im „klassischen" Ehrenamt nie engagieren würden.

Um es noch einmal klar zu sagen: den Kulturwandel ernst nehmen heißt doch: so wenig wie das, was wir kirchlich als Engagement bezeichnen, einzugrenzen ist auf einen (kirchen-) gemeindlichen Kontext, weil die Kirche eben mittendrin ist in dem Ganzen unserer Welt, so wenig lassen Menschen sich heute vorschreiben, wie, wo, wie lange sie sich engagieren. Wie Menschen heute bewusst und selbstbestimmt Verantwortung übernehmen, das sprengt jedes enge, begrenzte und begrenzende

---

55 Matthias Sellmann, Ehrenamt macht Sinn, Vortrag auf dem Diözesanen Ehrenamtskongress, Rottenburg 2014.

Bild von Kirche. Und genau diesen Rahmen zu sprengen, war und ist ein wesentliches Ziel unserer Diskussion.

2. Prozesse und Werkzeuge als Impulsgeber im Kulturwandel

Ein Ergebnis unseres Lernwegs war – so haben wir es hier entfaltet –, dass Gabenorientierung eben kein Ruf nach „Ehrenamtsförderung" ist und schon gar kein aufgabenbedingtes Nothilfeprogramm, sondern dass es vielmehr um Prozesse von Kirchenentwicklung im weitesten Sinne geht. Diesen Lernweg wollen wir hier noch einmal kurz in den Blick nehmen, denn es war (und bleibt auch) ein Lernweg, auf dem wir immer mehr darauf aufmerksam wurden, wie wichtig diese Korrelation zwischen Gabenorientierung und einem konkreten Entwicklungsprozess ist. Und was für eine entscheidende Rolle bei solchen Entwicklungsprozessen dann das vorherrschende Bild von Kirche spielt und welche machtvolle und insistierende Kraft solche geprägten Bilder haben, das haben wir in diesem Buch bereits diskutiert.

Zielgruppenorientierung, Kontextbezogenheit, Vergewisserung der prägenden Kirchen- und gesellschaftlichen Bilder – all dies sind wichtige Aspekte, wenn wir uns mit dem Thema der Gabenorientierung als Gestaltungsmerkmal eines Entwicklungsprozesses beschäftigen. Aber das erfordert vor allem auch ein hohes Maß an Bewusstwerdung und Bewusstseinsbildung, damit eine Zielperspektive auf einen konkreten Weg gebracht werden kann. Und so entstand auf unserem Lernweg ein Modul zur Gabenorientierung, das auch Teile gängiger Gabenseminare enthält (z. B. Gabenfragebögen), bei dem es in erster Linie aber darum geht, dass Bewusstwerdungsprozesse angestoßen werden für diejenigen, die aufgrund ihrer Aufgabe und ihrer Rolle die Verantwortung dafür haben, dass Gaben entdeckt und ins Spiel gebracht werden können, also die Hauptamtlichen und Hauptberuflichen in der Pastoral. Denn es geht ja für diese Gruppe nicht in erster Linie darum, den eigenen Gaben auf die Spur zu kommen, obwohl es durchaus wichtig und interessant sein kann, auch einmal eigene Erfahrungen zu machen. Vielmehr geht es aber doch darum, ein Bewusstsein zu entwickeln für das, was ganz konkret zur Aufgabe von Leitung gehört und wie diese Aufgabe wahrgenommen werden sollte. Das ist auch eine Anfrage an unsere Wahrnehmung bzw. unsere Wahrnehmungshorizonte, denn – über jeden kirchenge- meindlichen Kontext hinaus – wir erleben heute eine Viel- falt von Engagement in unserem alltäglichen Leben. Gut wäre es, wenn wir das wahrnehmen und würdigen würden.

Und so entstand, fast schon als logischer nächster Entwick- lungsschritt, ein neues Modul, dessen Adressaten vor allem die verantwortlich Leitenden sind.

Dieses Seminar zur Gabenorientierung „funktioniert". Es gibt eine Reihe von deutschen Diözesen, wo ich es durchfüh- ren konnte und so, gemeinsam mit verschiedenen Teamern, weiter zu diesem Thema Erfahrungen sammeln und lernen durfte. Die Zielgruppe der Hauptamtlichen oder Hauptberuf- lichen ist deshalb wichtig, weil es entscheidend sein wird, in- wieweit diese Gruppe eine Weiterentwicklung (oder vielleicht eine Rückkehr zum Eigentlichen?) ihrer Rolle vollziehen kann und ihre Rolle als *facilitator,* als ErmöglicherIn, als Koordina- torIn, und eben nicht als „BestimmerIn" (der „Einsatzgebiete und -arten") gut wahrnehmen kann – und dies auch will! Denn wenn dieser Wille und diese Bereitschaft nicht da sind und diese Aufgabe so nicht akzeptiert wird, dann riskieren wir, dass wir doch irgendwie immer wieder das „Alte" in einem neuen Gewand re-kreieren und jedweder Ansatz zu einer ga- benorientierten Pastoral zu einer bloßen Methode verkommt, die den Wandel letztendlich verhindert.

Aber vielleicht steckt ja hinter der immer zahlreicher wer- denden Frage nach Gabenseminaren bzw. nach konkreten We- gen und Werkzeugen hin zu einer gabenorientierten Pastoral auch einfach der Wunsch, in diesem Wandel konkrete Unter- stützung in Form von *tools* , von konkreten Methoden an die Hand zu bekommen.

Es ist klar, dass man (Kultur)Wandel nicht „machen" kann, und schon gar nicht mit irgendwelchen Methoden, aber Menschen haben offensichtlich durchaus ein Interesse daran, verschiedene Methoden einfach einmal auszuprobieren und so ihren Be-Gabungen tiefer auf die Spur zu kommen und sie zum Segen anderer einzusetzen. Sie tun das zwar meistens ohnehin, ohne vorher irgendwelche Seminare absolviert zu haben, aber trotzdem scheint es durchaus interessant zu sein, die eigenen Talente auszutesten und zu stärken. Und deshalb wollen wir im Folgenden einen Blick auf ein konkretes Modul werfen – und somit auf Prozessmarker und *tools* und Methoden, die einer gabenorientierten Pastoral in diesem Kulturwandel Impulse geben könnten.

3. Gottes Design entdecken – ein Praxismodul

Wie wir gesehen haben ist die ganze Bandbreite der Gabenorientierung sehr vielschichtig. Gabenseminare haben oft unterschiedliche Zielrichtungen, je nachdem ob es darum geht, Menschen zu finden, die man zur Mitarbeit in einem gegebenen Kontext von Gemeinde bewegen möchte, oder ob Ziel eines Seminars ist, Gabenorientierung als einen Baustein in einem Gesamt von Kirchenentwicklungsprozessen zu verorten mit dem Ziel, dass aus den Gaben der Menschen, die gemeinsam an einem Ort leben, Kirche lebendig wird und/oder ganz neue Gestalten von Kirche entstehen können.

Das vorliegende Praxismodul möchte Bewusstwerdung anregen und Gabenorientierung als Baustein in einem Entwicklungsprozess verorten. Die Zielgruppen sind daher in erster Linie Verantwortliche in Kirchenentwicklungsprozessen.

Das Gesamt des Moduls braucht einen zeitlichen Rahmen von etwa 2,5 Tagen, es ist aber auch möglich, es in einzelnen Abschnitten durchzuführen.

Gottes Design entdecken – Gabenorientierung als Baustein von Kirchenentwicklung

Der Titel „Gottes Design **entdecken**" weist darauf hin, dass Gabenorientierung als Erstes Wahrnehmung braucht, Wahrnehmung der Menschen an einem konkreten Ort. Es geht um ein Entdecken dessen, was schon da ist.

Teil 1: Kennenlernen, Bedeutung der Wahrnehmung schärfen

Es braucht natürlich einen Einstieg zum Kennenlernen der Teilnehmer, die Möglichkeiten wie z. B. Stellübungen oder Partnerinterviews sind vielfältig und bekannt. Ein Format soll hier beispielhaft vorgestellt werden, weil es sich gut dazu eignet, die Bedeutung der Wahrnehmung im Kontext von Gabenorientierung weiter zu vertiefen.

Die Teilnehmer unterhalten sich zu zweit über max. 4 Fragen, die die Kursleiterin[56] vorgibt. Sie bauen in ihre jeweiligen Antworten eine verdeckte „Unwahrheit" ein. Dann stellen sich die Partner gegenseitig vor, die restliche Teilnehmergruppe versucht zu erraten, was die „Unwahrheit" ist.[57]

Oft kommt es dabei zu überraschenden Ergebnissen, die zeigen, wie sehr Aussehen, Auftreten, Habitus usw. unsere Wahrnehmung, unsere Einschätzung – und manchmal auch unser Urteil – über andere Personen bestimmen. Dies wird anschließend in der Gruppe reflektiert, um zu vertiefen, dass solche ersten „Urteile" auch hinterfragt werden sollten. Oft hängt das, was wir anderen zusprechen oder zutrauen, nämlich genau von diesen (ersten) Einschätzungen ab.

---

56 Im Interesse einer besseren Lesbarkeit schließt die gewählte weibliche Form eine adäquate männliche Form gleichberechtigt ein.

57 Konkrete methodische Anleitungen sind im Folgenden immer kursiv gekennzeichnet. Der hier vorgestellte Ablauf des Moduls ist so, dass erst die Erläuterungen erscheinen, danach die Folie.

Das Vexierbild der alten und der jungen Frau wird als Nächstes gemeinsam im Plenum reflektiert. Es dient dazu, den Aspekt der Wahrnehmung noch einmal weiter zu vertiefen.

Teil 2: Erste Einordnung in Kirchenentwicklungsprozesse

Die ersten beiden Folien (s. u.) dienen der Einordnung dieses Bewusstwerdungsmoduls. Auf welcher Folie bieten wir dieses Modul an? Deutlich soll hier die Zielrichtung als Baustein von Kirchenentwicklung werden, bei der es nicht darum geht, im „Aufrechterhaltungsmodus" alles, was noch irgendwie geht, zu bewahren, sondern ein verändertes und veränderndes Verständnis von Kirche und Kirchesein zu entwickeln.

An dieser Stelle wird jetzt der Ablauf des Moduls stichwortartig genannt. Die einzelnen Aspekte kennzeichnen die Themenbereiche, die das Seminar umfasst und die dann im Verlauf des Seminars ausführlich behandelt werden.

Grundüberlegungen

➤ Gabenorientierte Pastoral entdeckt das Wirken Gottes am konkreten Ort und setzt bei den Fähigkeiten an

➤ Kernelemente gabenorientierter Pastoral: natürliche Talente/ Fähigkeiten /Passionen / Charismen – Gnadengaben / Persönlichkeitsstil

➤ Haltungen gabenorientierter Pastoral: hinschauen, wahrnehmen, kontextualisieren, ermutigen, befähigen

➤ Gabenorientierte Pastoral hängt mit unseren Bildern von Kirche zusammen

➤ Konsequenzen für die Rolle der Leitenden

Es folgt nun ein Schritt zur weiteren Einordnung des Seminars: es soll verdeutlicht werden, dass es nicht darum geht, neue Strukturen zu bilden, sondern ernst zu nehmen, dass Kirche aus den Gaben der Menschen am jeweiligen Ort wächst und lebt (das erfordert ein hohes Maß an Wahrnehmungsfähigkeit). Für die Verantwortlichen gilt es, diese Gaben zu entdecken, zu fördern und Raum freizugeben, dass andere ihre Gaben einbringen können (Konsequenzen für die Rolle der Leitung). Alle Aspekte werden im Verlauf des Seminars noch weiter vertieft. Die beiden zuletzt genannten Aspekte – dem Evangelium Raum geben und Gemeinschaft leben, fördern, feiern – werden dann im nächsten Abschnitt des Moduls konkret getan und erfahrbar gemacht.

Paradigmenwechsel der Kirchenkultur

- Kein Neuordungsprozess der Strukturen
- Den Wandel ernst nehmen; Kirche ist keine Parallelwelt
- Die Situation vor Ort wahrnehmen und immer wieder reflektieren
- Fähigkeiten und Begabungen entdecken und fördern
- Andere ermutigen sich zu beteiligen, nicht alles selber machen
- Dem Evangelium Raum geben
- Gemeinschaft leben, fördern, feiern

Teil 3: Liturgie des Wortes: Johannes 6,1–15

Ein wichtiger Aspekt für die Durchführung dieses Seminars (und aus unserer Sicht jedweden Workshops[58]) ist es, einen Raum zu öffnen, in dem die Freude des gemeinsamen Entdeckens der von Gott geschenkten Gaben erfahrbar werden kann. Vor allem aber auch sich gemeinsam bewusst zu werden, dass nicht wir die Kirche „machen", sondern Gott seine Kirche – Kirche im weitesten Sinne – baut und dass wir mit unseren von ihm geschenkten Gaben daran teilhaben dürfen; *gratia gratis data* – uns „umsonst" aus der göttlichen Gnade geschenkt, so hat Thomas von Aquin das bezeichnet und so lesen wir es auch im Matthäus-Evangelium[59]. Die Dankbarkeit für diese Geschenke Gottes und die Freude an der Frohen Botschaft ist vor allem immer wieder im Feiern von kleinen und einfachen krea-

---

58 Vgl. hierzu Christian Hennecke/Gabriele Viecens, Der Kirchenkurs, a.a.O., 40 f.

59 „... umsonst habt ihr empfangen und umsonst sollt ihr geben ... (Matthäus 10,8).

tiven Liturgien zu spüren, die die einzelnen Module oder Tage um- oder abschließen.

Nach dem ersten Einstieg wird also eine Wortliturgie gefeiert, hier konkret in einer Form des BibelTeilens, die wir „Schriftauslegung" nennen. Die Schriftstelle hierzu ist Johannes 6,1–15, das Wunder der Vermehrung von Broten und Fischen. Das Johannesevangelium mit dieser Schriftstelle haben wir deshalb ausgewählt, weil nur in diesem Evangelium der „kleine Junge" vorkommt, der von dem Apostel Andreas wahrgenommen wird und so den Raum für das Wunder öffnet. Der Schrifttext wird zweimal gelesen. Während des zweiten Lesens werden die einzelnen Verse – jeweils auf einem DIN-A4-Blatt ausgedruckt – auf dem Fußboden ausgelegt. *In einer kurzen Zeit der Stille „durchwandern" die Teilnehmer diese Verse und bleiben bei dem Wort stehen, das sie berührt. Dieses Wort wird dann einmal laut ausgesprochen, es folgt ein Austausch zwischen den Personen, die beim selben Wort oder in der Nähe stehen, über das, was sie berührt hat. Die Liturgie endet mit einem Lied oder Gebet.*

Solche gemeinsam gefeierten Liturgien können den Raum der Gottesgegenwart und der Gegenseitigkeit öffnen. Wie beeindruckend und wichtig diese Erfahrung für die Teilnehmer ist, zeigt sich fast immer auch in der Evaluation, in der am Ende ein Feedback auf die einzelnen Abschnitte des Seminars gegeben wird.

Daran anschließend fokussiert die Kursleiterin noch einmal die Rolle des Apostels Andreas in dieser Schriftstelle, der durch sein Wahrnehmen des kleinen Jungen mit den fünf Broten und den zwei Fischen entscheidend dafür ist, dass Jesus das Wunder tut und alle satt werden („so viel sie wollten …"). Und ebenso die Rolle des Apostels Philippus, der eher von seiner überwiegend skeptischen Haltung bestimmt wird: („… Brot für 200 Denare reicht nicht aus, wenn jeder von ihnen auch nur ein kleines Stück bekommen soll" (Philippus) und „Hier ist ein kleiner Junge, der hat 5 Gerstenbrote und 2 Fische; doch was ist das für so viele" (Andreas).

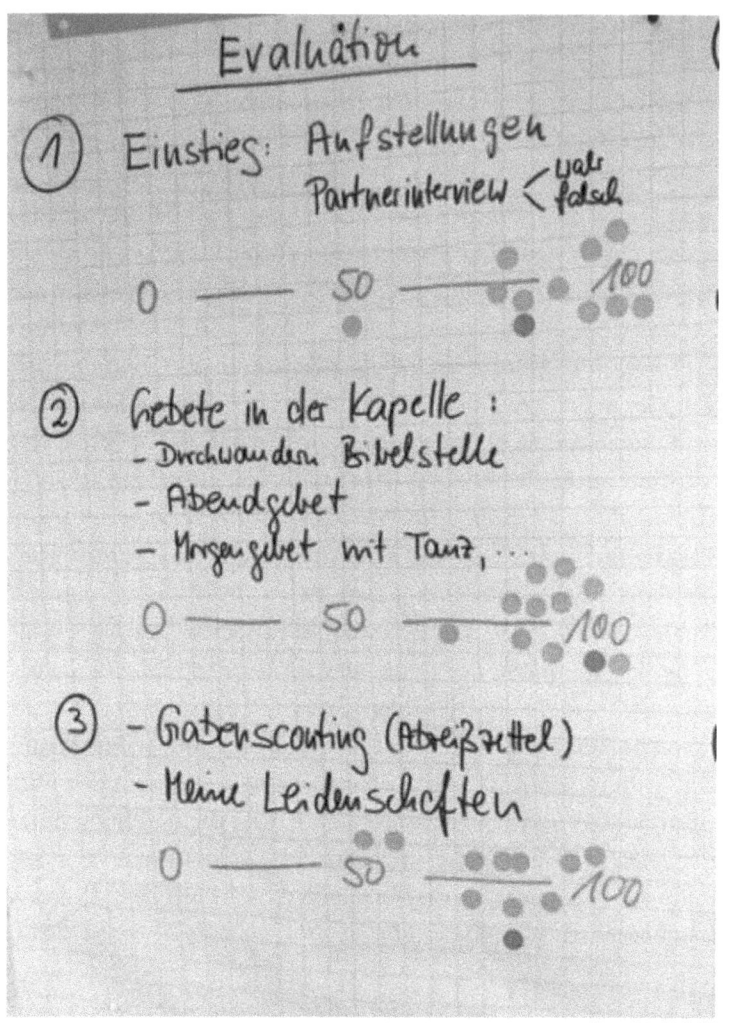

Ganz klar bemerken wir auch bei Andreas am Ende eine durchaus verständliche Prise Skepsis, aber wir können in den Antworten der beiden Apostel Grundhaltungen entdecken, die uns nicht fremd sind. Je nachdem wie offen und öffnend für verschiedene Möglichkeiten oder verschlossen bzw. verschließend wir (re-)agieren, so werden wir auch unsere Rolle in Veränderungsprozessen wahrnehmen – oder eben nicht. Die Teilnehmer setzen sich also hier mit der Frage auseinander: Wer/ wie bin ich? Persönlich? In meinem Dienst?

Teil 4: Wertschätzendes Interview

Das „Wertschätzende Interview" stammt als Methode überwiegend aus der Organisationsentwicklung. Vor allem Peter Senge hat mit seinem Diskurs zur „Lernenden Organisation"[60] die Bedeutung von Dialog, Engagement, Offenheit, Mitgefühl in Veränderungsprozessen beschrieben. Es geht also um die Wertschätzung dessen, was an Positivem in uns steckt. Das hat etwas zu tun mit unserem Werdegang, mit den Menschen, die uns dabei begleitet und beeinflusst haben, mit unseren Träumen und Visionen. Und es geht um das Aufspüren und Bestätigen von Stärken, Erfolgen und Potenzialen aus Vergangenheit und Gegenwart. Ein nicht zu unterschätzender Faktor sind hierbei die konkreten Fragen, die die Kursleitung stellt – sie sollte bei der Festlegung der Fragen die Gruppe der Teilnehmer gut in den Blick nehmen, damit z. B. Fragen, die den Bereich der Arbeitsfelder betreffen, passend sind, aber auch berücksichtigen, was für eine eher homogene Gruppe (z. B. Priesterfortbildung) im Werdegang wichtig war und ist.

In unserem Kontext wird das „Wertschätzende Interview" jeweils zu zweit durchgeführt.

Es geht darum, im Austausch mit dem Gesprächspartner den eigenen Passionen und Neigungen auf die Spur zu kommen und dem Partner zu helfen, seine bzw. ihre Passionen zu entdecken und später gemeinsam zu präzisieren. Dafür gibt es ein Arbeitsblatt[61]. Nachdem beide Gesprächspartner ausgetauscht haben, was sie beim jeweils anderen entdeckt haben, an welchen Stellen ihrer/seiner Erzählung man Kraft, Engagiertheit oder Begeisterung merken konnte, spiegeln sich die Gesprächspartner diese Erkenntnisse zurück und jede/jeder trägt sie in das eigene

---

60 Vgl. hierzu: Peter M. Senge/Art Kleiner/Charlotte Roberts (Hgg.), *Das Fieldbook zur ‚Fünften Disziplin'*, Stuttgart 1996.

61 Das Beispielblatt und weitere Varianten für den kirchlichen Bereich wurden entwickelt von Matthias Kaune/Gabriele Viecens, Bistum Hildesheim, Bereich Lokale Kirchenentwicklung.

119

Meine 3 stärksten Gaben (nach dem Gabenfragebogen):

1.

2.

3.

Mein Persönlichkeitsstil:

Arbeitsblatt ein. Dieses Arbeitsblatt geht mit durch den gesamten Workshop, da später auch noch die entdeckten Gaben und der Persönlichkeitsstil eingetragen werden.

Es ist wichtig, ausreichend Zeit für dieses Partnerinterview zu geben (etwa eine halbe Stunde pro Partner).

Das „Wertschätzende Interview" setzt, neben den Liturgien, einen weiteren Grundton für das Seminar: es kann sich hier ein gutes Maß an Offenheit und gegenseitigem Vertrauen entwickeln, das es braucht, um gemeinsam auf eine solche persönliche Entdeckungsreise wie das Entdecken der eigenen Gaben zu gehen.

Teil 5: Gabenorientierung ist nicht gleich Gabenseminar – Beispiele und ein Versuch

Gilt nicht auch für uns, dass wir ein Gespür dafür haben, welche Gaben Gott in uns hineingelegt hat? Und auch in die Menschen, mit denen wir leben? Trauen wir uns zu, dies – in aller gebotenen Form – anderen auch zuzusprechen? Und trauen wir Gott zu, dass alle Gaben, die am konkreten Ort gebraucht werden, auch geschenkt sind?

Um diesem auf die Spur zu kommen, folgt im nächsten Schritt das sogenannte „Gabenscouting"[62]. Das Gabenscouting und die folgenden Beispiele sollen noch einmal verdeutlichen, dass Gabenentdeckung nicht ausschließlich – und auch nicht in erster Linie – die Sache von Gabenseminaren ist, sondern ein Wahrnehmungs- und Beziehungsgeschehen.

Die Arbeitsblätter sind ähnlich konzipiert wie „Angebot und Nachfrage"-Zettel, die Kunden an die Pinnwand eines Supermarktes hängen können. Wer z.B. ein Kätzchen aus einem zu zahlreichen Wurf abnehmen möchte, kann einen Zettel mit der Telefonnummer des Besitzers abreißen und in Kontakt treten.

Im Raum werden also Abreißblätter zu verschiedenen Gaben und Fähigkeiten aufgehängt. Die Teilnehmer entscheiden sich nach einem Moment der Reflexion für maximal 3 Gaben, die sie bei sich glauben oder vermuten.

Danach tauschen sich diejenigen Teilnehmer, die die gleichen Gaben bei sich entdeckt haben, darüber aus, woran sie festmachen, dass sie diese Gabe haben.[63]

---

62 Das Material wurde erstellt von: Thomas Holzborn, Arbeitsstelle für pastorale Fortbildung und Beratung, Bistum Hildesheim; weitere Arbeitsblätter zum Gabenscouting im Anhang.

63 In diesem Beispiel waren die Teilnehmer Hauptberufliche in der Jugendpastoral. Sie haben versucht, die Nomenklatur auf die Arbeit mit Jugendlichen hin zu verändern.

Gabenscouting

> Ein Beispiel für Jugendliche und junge Erwachsene

Ein Beispiel aus dem Erzbistum Poitiers

Die Kultur des Rufens ist kennzeichnend für das Erzbistum Poitiers (s. zu dem Beispiel von Poitiers auch das Kapitel „Gabenorientierung zwischen Rufen und Berufenwerden" in diesem Buch). In den örtlichen Gemeinden (so haben wir die „communautés locales" übersetzt) rufen sich die Menschen gegenseitig in einen Dienst an der Gemeinschaft. Ihnen wird zugesprochen und sie sprechen sich gegenseitig zu: du kannst das, wir sehen das in dir und wir trauen dir das zu! Es geht also auch hier um Wahrnehmung, In-Beziehung-Treten – und um einen konkreten Ort. Aber die Wirklichkeit, die sich hinter diesem Begriff verbirgt, umfasst eben nicht nur das, was wir „kirchlich" hören, wenn wir Gemeinde sagen, sondern alle Menschen, die an diesem Ort leben. Menschen, die miteinander in Beziehung stehen.[64]

---

64 Seit der Errichtung der 28 großen *nouvelles paroisses* (neue Pfarreien) im Jahr 2014 im Erzbistum Poitiers legen die Mitglieder der équipes *d'animation* bei ihrer Beauftragung oder der (einmalig möglichen) Er-

Ein Beispiel aus den USA: Willow Creek, Chicago[65]

Das *car ministry* wurde im ersten Kapitel bereits ausführlich beschrieben. Auch in der Willow-Creek-Gemeinde geht es darum, dass Fähigkeiten und Begabungen entdeckt werden – sei es, dass man sie an sich selbst wahrnimmt und mit anderen ins Gespräch bringt; sei es, dass andere sie an mir wahrnehmen und sie mir zusprechen. Aber es geht auch hier ganz klar darum, in einer konkret existierenden Gemeinde Menschen dabei zu helfen und zu ermöglichen, dass sie ihre Gaben genau dort einbringen können. Konkret also um einen Dienst an und in einer fest definierten Gemeinde. Und es geht wiederum um einen Wahrnehmungsprozess, der jenseits aller Gabenseminare die Gaben von Menschen entdeckt, diesen Menschen zuspricht und sie in ein Engagement, in einen Dienst ruft.

neuerung der Beauftragung nicht mehr die Hände an den Bischofsstab, sondern auf das Evangelium (s. Bild).
65 Vgl. Kapitel 1 dieses Buches.

Willow Creek, Chicago

Teil 6: Der Perspektivwechsel: Welche Rolle spielen unsere Bilder von Kirche?[66]

Bei der Frage, welche Rolle unsere Bilder von Kirche in einer gabenorientierten Pastoral spielen, geht es zunächst darum, den Rahmen zu verdeutlichen und zu vertiefen, in dem sich der am Anfang schon diskutierte Perspektivwechsel vollzieht – vielleicht auch noch vollziehen möchte. Es ist wichtig, in diesem Zusammenhang noch einmal die entscheidenden Aspekte hierfür anzusprechen:

Als Erstes gilt es, die Erfahrung zu benennen, dass der Blick auf viele kirchliche Situationen noch eher durch eine „Mangelbrille" geschieht. Schwindende Ressourcen (die ja durchaus ein Fakt sind in nicht wenigen deutschen Bistümern) werden eher beklagt und weniger als Chance gesehen, Neues zu entwickeln und sich entwickeln zu lassen im Blick auf die Zeichen der Zeit. Wenn wir diesen Blickwechsel nicht vollziehen (können oder wollen), wird Wandel nicht stattfinden und wir werden weiterhin mit überlasteten Hauptamtlichen

---

66 Vgl. hierzu das Kapitel „Gabenorientierung schillert".

konfrontiert sein, die dann ihr „Double" finden in den Ehrenamtlichen, die sich einerseits auch überlastet fühlen (und es nicht selten auch sind!), andererseits aber leiden unter einer Fragilität ihrer Rolle, die sie in ihrer Selbstwahrnehmung auch oft zu „Lückenfüllern" macht – immer wieder konfrontiert mit der Frage, was wohl sein würde, sollte je der Zustand wieder eintreten, dass es wieder genügend Hauptamtliche gibt. Welche wesentliche Rolle in diesem Zusammenhang unsere Bilder von Kirche spielen, damit Wachstumsschritte möglich sind – oder eben auch nicht –, das wird jetzt thematisiert.

Noch einmal: Der Perspektivwechsel

- unsere Erfahrung: Schwindende Ressourcen - Mangel

- überlastete Hauptamtliche - Ehrenamtliche als Lückenfüller

- Blickwechsel: Was muss sein? Was dürfen wir lassen?

- Eine Kirche, die aus den Gaben der Menschen vor Ort wächst

- Welche Rolle spielt das Bild von Kirche bei einer gabenorientierten Pastoral?

Je nachdem, inwieweit den Teilnehmern die Wachstumsphasen des Kircheseins (Kirchenbilder) schon bekannt und vertraut sind, kann man in diesem Modul entweder mit dem ersten Bild beginnen oder steigt bei Bild 3 ein. Wichtig ist aber zu verdeutlichen, welche Rolle gerade auch im Blick auf eine gabenorientierte Pastoral die Bilder von Kirche spielen, die uns geprägt haben und prägen. Und auch zu verdeutlichen, dass – egal in welchem Bild – immer wieder die Frage nach den Haltungen zu stellen ist, die dieses Bild kennzeichnen.[67] So ist z. B. eine Haltung des „Versorgens" (Kirchenbild 1) nicht per se negativ (man denke an die Notwendigkeiten ganz am Anfang und am Ende eines Menschenlebens), aber wichtig ist auch – sei es in einem realen Menschenleben oder in einer bestimmten Form von Kirche –, die Grenzen dieser Haltung des Versorgens wahrzunehmen und Entwicklungsmöglichkeiten nicht zu verpassen. Gleiches gilt für das „Mithelfen" im 2. Kirchenbild, wo ganz klar Aufträge erteilt werden.[68] Klar ist, wer hier schickt: die Geweihten, die Profis, die delegieren und „machen lassen" für bestimmte Aufgaben und in einem bestimmten Rahmen. Die klassische Kultur des Ehrenamtes hat hier ihre Wurzeln, aber wir sind auf dem Hintergrund von Mithelfen und Schicken noch weit entfernt von einer Gabenorientierung, die ekklesiogenetische Kraft hätte und die Gaben der Menschen, die ihnen in der Taufe geschenkt sind, ernst nehmen würde.

Jede Wachstumsphase des Kircheseins ist wichtig im Blick auf Gabenorientierung[69]. Interessant für die Entwicklung einer gabenorientieren Pastoral sind aber besonders das dritte und vierte Bild.

Das dritte Bild ist gekennzeichnet durch eine Phase der Unruhe. Menschen beginnen Fragen zu stellen – sich selbst und anderen. Christsein als selbstverständliches „Erbe" ist an sein Ende gekommen, es geht vielmehr um Entscheidungen, die in der persönlichen Biographie eines Menschen getroffen werden. Diese Fragen, sowie die Tatsache, dass diese Fragen überhaupt gestellt werden, sind wichtig, da sich an vielen Stellen scheinbar Selbstverständliches auflöst bzw. schon aufgelöst hat, aber das Neue, der nächste Schritt, erst noch geboren werden will. Wichtig für diesen nächsten Schritt scheint uns das zu sein, was häufig unter der Rede vom „Taufbewusstsein" gefasst ist. Menschen werden sich bewusst, was es bedeutet, getaufter Christ zu sein, und was Gott ihnen in der Taufe geschenkt hat.

---

67 Vgl. hierzu weiter das Kapitel „Gabenorientierung schillert".
68 Ebd.
69 Ebd.

Papst Franziskus hebt diese Bedeutung der Taufe noch einmal besonders hervor, wenn er sagt: *„Niemand wurde zum Priester oder zum Bischof getauft. Wir sind zu Laien getauft, und das ist das unauslöschliche Zeichen, das niemand uns jemals nehmen kann. Es tut uns gut, uns daran zu erinnern, dass die Kirche keine Elite der Priester, der geweihten Personen, der Bischöfe ist, sondern dass wir alle das heilige, gläubige Gottesvolk bilden. Das zu vergessen, bringt viele Gefahren und Verzerrungen mit sich, in unserem persönlichen ebenso wie im gemeinschaftlichen Leben."*[70]

Die Wirkungen dieser Entwicklung werden im 4. Bild deutlich, besonders im Blick auf das Engagement der „begabten" Christen und auf die Rolle der Leitenden.[71] Auf einen ersten Blick vielleicht zu verwechseln mit dem sehr ähnlichen 2. Kirchenbild, zeigt sich doch hier, wie sehr eine neue innere Motivation der Menschen entstanden ist, gerade durch die Entdeckung ihrer in Taufe und Firmung geschenkten Gaben. Diese Entdeckung einer

70 Papst Franziskus, Schreiben an Kardinal Ouellet, a.a.O.
71 S. hierzu noch einmal das Kapitel „Gabenorientierung schillert".

neuen, inneren Motivation hängt auch damit zusammen, dass Kirche bzw. das Verständnis von Kirche jetzt offensichtlich nicht mehr begrenzt ist auf Orte, wo eine Kirche steht, sondern dass die Gegenwart des auferstandenen Christus (gekennzeichnet durch die schraffierte Figur im Hintergrund) viele unterschiedliche Orte zu Orten kirchlichen Lebens macht. Klar ist ja, dass diese Gegenwart jetzt nicht erst ganz neu „dazukommt", aber neu sind das Bewusstsein der Menschen und ihr Handeln aus diesem Bewusstsein. Das führt auch zu einem veränderten Rollenbewusstsein und zu vielen unterschiedlichen Gestalten von Kirche, die sich aus den Gaben der Menschen an einem konkreten Ort entwickeln kann. Diese Entwicklungen und Herausforderungen finden sich ausführlich beschrieben in dem Kapitel „Gabenorientierung schillert".

Entwicklung fördern und begleiten: gemeinsam berufen und gesandt

Übergang von Phase 3 nach 4: Gabenorientierung

die innere Motivation

Taufberufung und Entdeckung der eigenen Sendung

Gabenorientierung als Gestaltungsprinzip von Kirche

Zur Diskussion

In wieweit wirkt sich das
jeweilige Kirchenbild
aus, wenn man einem
Prozess der
Gabenorientierierung
folgt?

Diskutieren Sie an
konkreten Beispielen
aus Ihrer Arbeit!

Vielfalt der **Charismen**
Der Charme der Gemeinschaft

Richard Baus, 1996

im ersten Korintherbrief (Kp. 12, Verse 4-11)

*An der Rolle der Kirchenbilder in diesem Perspektivwechsel
wird nun in Kleingruppen zu der obigen Aufgabenstellung gearbeitet und die Ergebnisse im Plenum diskutiert.*

Teil 7: Der biblische Befund: Charismen

Im nächsten Schritt schauen wir miteinander in die Schrift. Es
geht an dieser Stelle nicht um Exegese, denn es ist ja davon
auszugehen, dass hauptamtliche und hauptberufliche Teilnehmer dieses Workshops bestens mit den „klassischen" Schriftstellen zu den Charismen und ihrer Hermeneutik vertraut sind.
Vielmehr geht es an dieser Stelle darum, ähnlich wie im Bibel-
gespräch oder beim BibelTeilen, hinzuhören und hinzuspüren,
welche Aussagen zu den Charismen mir hier und jetzt persönlich wichtig sind oder werden.

*Es folgt also eine einzelne Stillarbeit, in der die persönlichen
Ergebnisse auf Moderationskarten festgehalten und danach im
Plenum reflektiert werden: Welche Aussagen zu den Charismen
sind mir in diesen Schriftstellen ganz persönlich wichtig?*

*Welche Aussagen scheinen in der Gesamtwahrnehmung in
unserer Gruppe besonders relevant zu sein und warum?*

Biblischer Befund

- 1 Kor 12, 1-11
- Röm 12, 1-8
- Eph 4,7
- Eph 4, 11-16
- 1 Petr 4, 10ff

In dem auf der nächsten Folie gezeigten Beispiel war für eine Mehrheit der Teilnehmer eine Schriftstelle besonders wichtig: Vers 11 aus dem 12. Kapitel des ersten Briefs des Apostels Paulus an die Korinther: „Dies alles bewirkt ein und derselbe Geist; einem jeden teilt er seine besondere Gabe zu wie er will." Erkenntnisse daraus waren: die Gnade bewirkt der Heilige Geist in dem Maß, wie er will, nicht wie ich will; keiner hat nichts oder kann nichts; das Wort „Maß" wurde wichtig und auch eine Art Entlastung, dass „wir es nicht machen können".

Damit ist der Boden bereitet für die Frage, was denn eigentlich ein Charisma ausmacht.

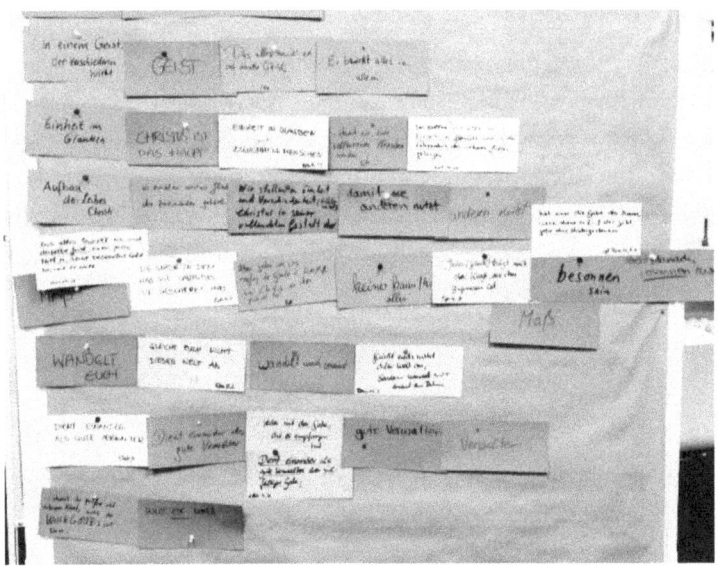

Die Frage, was ein Charisma ausmacht, und der Versuch einer Abgrenzung der Begriffe „Begabung – Gabe – Charisma" wird im Folgenden besprochen.[72]

Je nach der Zusammensetzung der Teilnehmergruppe braucht es hier eine Klärung, wovon wir eigentlich sprechen, wenn wir von Charismen sprechen. Geht es um Schöpfungsgaben, also natürliche Anlagen, und sind dann die Charismen etwas, das „dazu"kommt? Oder knüpfen die Charismen nicht vielmehr an etwas geschöpflich Vorhandenes – eine Fähigkeit, ein Talent – und werden so zur Gabe, zur Gnadengabe, eben zum Charisma durch ein „mehr". Ein „mehr", das darin besteht, dass ich meine Fähigkeiten und Talente einbringe für andere, mich also mit dem, was mir geschenkt ist, in einen Dienst nehmen lasse, so wie Thomas Söding formuliert: „Die Charismen sind getaufte Kompetenzen, die sich in den Dienst anderer stellen und dadurch die Kirche aufbauen."[73]

72 Zur weiteren Vertiefung s. das Kapitel „Gabenorientierung von Anfang an".

73 Thomas Söding, Themenheft des Bistums Münster: Unsere Seelsorge, Münster 2015, 5.

An dieser Stelle braucht es den Input der Kursleiterin, die diese Aspekte zusammenfasst: Charismen sind auf den Dienst hingeordnet; sie sollen dem anderen nützen und müssen sich von daher auch hinterfragen bzw. bestätigen lassen (vgl. 1 Kor 14, Zungenrede)[74]. Das Ziel dieses Dienstes ist immer der Aufbau des Leibes Christi, der Kirche, am je konkreten Ort und ist von daher auch nicht immer und für alle Zeiten gegeben, sondern durchaus situativ zu sehen.

Begabung - Gabe

➢ Woran erkenne ich ein Charisma?

➢ Anbindung an das Wirken Gottes – Gott wirkt durch mich hindurch

➢ Fähigkeiten, von Gott gegeben, von ihm in den Dienst genommen und zur Wirkung gebracht

➢ Begabung kann so zur (Gnaden)Gabe/Charisma werden

➢ Begabung wird zur Gabe durch das „mehr"

➢ Situativ gegeben zum Aufbau des Leibes

Zum Abschluss dieses Teils unseres Praxismoduls lernen die Teilnehmer exemplarisch einen Gabenfragebogen kennen und arbeiten damit. Als Beispiel nehmen wir hier einen Fragebogen aus einem Gabenseminar für Jugendliche und junge Erwachsene, der von Silke und Andreas Obenauer erstellt wurde

---

74 Am Beispiel der Zungenrede ermahnt Paulus, dass der Nutzen für die anderen höchste Priorität hat: „*Was nützt es euch, Brüder und Schwestern, wenn ich zu euch komme und in Zungen rede, euch aber keine Offenbarung, keine Erkenntnis ... bringe? So ist es auch mit euch, wenn ihr in Zungen redet, aber kein verständliches Wort hervorbringt. ... Deswegen soll einer, der in Zungen redet, beten, dass er es auch übersetzen kann ...*"

im Zusammenhang mit dem Jugendmaterial von „Ich bin dabei"[75].

Teil 8: Die eigene Wahrnehmung auf den Prüfstand stellen: Fremdwahrnehmung[76]

Meine eigene Wahrnehmung muss sich hinterfragen lassen: hinterfragen oder aber auch stärken lassen von der Wahrnehmung, die andere von mir haben. Menschen zu fragen, die uns gut kennen, trägt zur Klarheit bei. Gabenseminare können dieses Umfeld in der Regel nicht bieten. Dennoch ist es wichtig, den Aspekt der Fremdwahrnehmung nicht nur theoretisch zu benennen, sondern ihn durch eine Übung erfahrbar zu machen. Da die Teilnehmer ja schon eine gewisse Zeit miteinander verbracht haben, in der in der Regel durchaus Offenheit und Vertrauen wächst (s. z. B. auch das Wertschätzende Interview), schließt sich folgende Übung an:

Die Teilnehmer bilden 4er Gruppen. Jeder in der Gruppe bekommt ein leeres DIN-A4-Blatt, das so gefaltet wird, dass vier Felder entstehen. Dann schreibt zunächst jeder in das erste Feld seines DIN-A4-Blattes die Gaben, Passionen und Neigungen, die er im Laufe des Seminars bei sich entdeckt hat. Jeder in der Runde gibt dann sein Blatt verdeckt weiter, so dass der nächste Schreiber nicht sieht, was vorher geschrieben wurde. Am Ende dieser Runde hat dann jeder ein Blatt, auf dem alle vier Felder ausgefüllt sind: das, was ich bei mir entdeckt habe, und das, was die anderen drei in der Runde an mir wahrnehmen. Ein Emmausgang zu zweit schließt sich an. Hier können die eigene Wahrnehmung und die Wahrnehmung der anderen ins Gespräch gebracht wer-

---

75 Der gesamte Fragebogen befindet sich, mit freundlicher Genehmigung von Silke und Andreas Obenauer, im Anhang. Die Rechte zum Kopieren liegen bei Drs. Silke und Andreas Obenauer.

76 Als Einstieg eignet sich hier ein kurzer Video-Clip der Exodus-Gemeinschaft (Junge Kirche in Hannover) zum Thema: Gaben und Talente, der bei youtube unter folgendem Link zu finden ist: https://www.youtube.com/watch?v=vM5xx7JNis4

den. Die Teilnehmer können sich gegenseitig helfen, ihre Entdeckungen noch einmal aus einer anderen Perspektive zu betrachten.

Gaben und Fremdwahrnehmung

Der Schlüssel für den Umgang mit den Charismen ist nach Paulus Anerkennung. Die Gaben des Geistes müssen erkannt und gefördert, sie müssen auch kritisiert und miteinander verbunden werden, sodass sie einander wechselseitig bestärken können.
(Thomas Söding, Münster)

Im Nachdenken darüber, dass Gaben hinterfragt und bestätigt werden müssen, stoßen wir auch auf einen beunruhigenden Mangel an einer Feedback-Kultur im kirchlichen Bereich. Das, was für Unternehmen oder Organisationen – seien sie wirtschaftlich oder politisch ausgerichtet – heutzutage eine Selbstverständlichkeit ist, haben wir lange in der Kirche vernachlässigt – und leider tun wir das sehr oft auch heute noch! Professionelles Feedback geben, das heißt konstruktives, nicht verletzendes Feedback geben, so dass Lernen und Entwicklung ermöglicht werden. Tun wir das „bei Kirchens"? Offensichtlich nicht! Das haben wir allzu häufig nicht gelernt, sind es nicht gewohnt und deshalb wird es auch nicht gemacht. Mit manchmal fatalen Folgen, wie das von Matthias Sellmann erzählte Beispiel auf der Folie unten zeigt. Wenn wir aber auch in unserem kirchlichen Kontext lernen und wachsen wollen, dann sollten wir uns in diese Kultur möglichst schnell einüben, denn Veränderung ohne Feedback wird kaum möglich sein.

134

„Überall gilt" so führt Matthias Sellmann weiter aus[77] – und das gilt ja auch für die Kirche –, „dass nur der gute Wille zu wenig ist. Denn es geht darum, bestimmte Zustände effektiv und nachhaltig zu verbessern. Erst das macht stolz, erst das macht glaubwürdig, erst das zeugt wirklich von einem erwachsenen Glauben. Können wir das denken, dass wir auch mit Ehrenamtlichen Jahresgespräche, Mitarbeiterentwicklungsgespräche führen, so wie das bei Arbeitnehmern üblich ist?"[78]

Das bedeutet folglich, dass neue Formen des Engagements auch neue Formen des Miteinanders notwendig machen – und eine dieser unverzichtbaren neuen Formen ist das professionelle Feedback.

Feedback – eine neue Kultur

Zum erwachsenen Ehrenamt gehört eine ausgeprägte Feedback-Kultur. **Wie ist es: Können wir das denken, dass ein Lektor von jemandem angehört wird und dass dieser Hörer dem Ehrenamtlichen sagt: „Ehrlich gesagt, es ist klasse, dass Du Dich zum Lektorendienst gemeldet hast – aber Lesen musst Du erst noch lernen! Ich helfe Dir gerne dabei!"** ....

Überall gilt: Nur der gute Wille ist zu wenig. Denn es geht darum, bestimmte Zustände effektiv und nachhaltig zu verbessern. Erst das macht stolz, erst das macht glaubwürdig, erst das zeugt wirklich von einem erwachsenen Glauben.

(Matthias Sellmann)

Persönlichkeitsanalyse

Hier geht es darum, dem eigenen **Persönlichkeitsstil** auf die Spur zu kommen.[79] Sensibilisiert für die Grenzen eines einmaligen

77 Matthias Sellmann, a.a.O., 7.
78 Ebd.
79 Verschiedene Testmethoden, wie z.B. der DISG-Test oder ein Test aus dem Gabenseminar „Ich bin dabei" können hier zur Anwendung kom-

135

Tests (Gleiches gilt ja auch für die Gabenfragebögen) können sich die Teilnehmer ein Bild machen, ob sie eher aufgaben- oder eher beziehungsorientiert sind, eher offensiv oder eher defensiv sind und wie sie an Neues herangehen. Solche Tests werden häufig eingesetzt, wenn es darum geht zu analysieren, wie ein Team miteinander kommuniziert. Wenn wir in einem Team o.Ä. arbeiten, dann ist es durchaus hilfreich, sich dessen bewusst zu sein und so Gegensätzliches (das sich „anziehen", aber auch „abstoßen" kann) zu erkennen und Stressfaktoren einschätzen zu können, damit ein Team erfolgreich miteinander arbeiten kann.

Es folgt eine Arbeit in Kleingruppen zu folgenden Fragestellungen (s. u.), die danach im Plenum reflektiert und diskutiert werden.

men. DISG-Tests sowie auch das Beispiel aus „Ich bin dabei" sind Persönlichkeitstests, die Hilfestellung geben wollen herauszufinden, wie sich z. B. ein Team konstruktiv zusammensetzt. Die Abkürzung DISG steht hier für Dominanz, Initiative, Stetigkeit, Gewissenhaftigkeit. Dies können 4 Grundtypen in einem DISG-Modell sein. Es gibt aber nicht DEN EINEN DISG-Test, sondern es haben sich eine Reihe unterschiedlicher Formen unter diesem Namen entwickelt (Interessierte finden zahlreiche Beispiele online unter dem Suchbegriff „DISG-Test").

Der Beginn des Beginns

> ➤ Was tun wir (z.B. im PGR, im Kirchenvorstand, in einem Verband, einer Gruppe, ...) schon jetzt dafür, dass wir Charismen fördern, entdecken, würdigen?
>
> ➤ Wie kann die „Talentsuche und Talentförderung"zukünftig ein gemeinsames Anliegen der Pfarrei,... werden?

Teil 9: Die Vision einer gabenorientierten Pastoral: Leitung und Engagement im Wandel

Überlastete Hauptamtliche, die sogenannten Ehrenamtlichen vor dem Burn-out – diese Situationen sind hinreichend bekannt. Sie sind immer wieder sehr konkrete Hinweise auf die Bedeutung von Partizipation – sei es im kirchlichen oder im gesamtgesellschaftlichen Kontext, wobei klar ist, dass gerade im gesellschaftlichen Kontext der Wunsch, ja geradezu die Forderung nach Partizipation heute nicht mehr wegzudenken ist. Menschen wollen teilhaben und gestalten – es wäre gut, wenn wir darauf im kirchlichen Kontext glaubwürdig eingehen würden.

Partizipation ist aber auch biblisch gegründet. Wir lesen in Exodus 18,13–26, wie Jitro, der Schwiegervater des Mose, sich anschaut, wie Mose für das Volk Recht spricht. Die Leute müssen vor Mose anstehen, und das ziemlich lange, bis sie dann dran sind. Jitro wundert sich und fragt: „Warum sitzt du hier allein und die vielen Leute müssen vom Morgen bis zum Abend vor dir anstehen?" Für Mose war es ganz selbstverständlich, dass das so sein müsse, aber in diese Selbstverständlichkeit bricht sein Schwiegervater mit einem ziemlich harten Urteil ein: „Es ist nicht gut, wie du das machst. So richtest du dich selbst zugrunde und auch das Volk, das bei dir ist." Wahrscheinlich waren das zunächst einmal harte Worte für Mose, aber heute würden wir sagen: Jitro bewahrt seinen Schwiegersohn Mose vor dem drohenden Burn-out („das ist zu schwer für dich, allein kannst du es nicht bewältigen") und gibt ihm auch einen Rat, wie das Problem zu lösen ist: Partizipation! „Du aber sieh dich im Volk nach tüchtigen, gottesfürchtigen und zuverlässigen Männern um, die Bestechung ablehnen. Gib dem Volk Vorsteher ... Entlaste dich und lass sie mittragen!"[80]

So finden wir hier, in den Ermahnungen des Jitro an seinen Schwiegersohn Mose, Hinweise auf einen Leitungsstil, der die Notwendigkeit – und auch die Vorteile! – einer partizipativen Leitung in den Blick rückt. Vielleicht fehlt es uns heute manchmal an den Jitros in unseren kirchlichen Situationen!

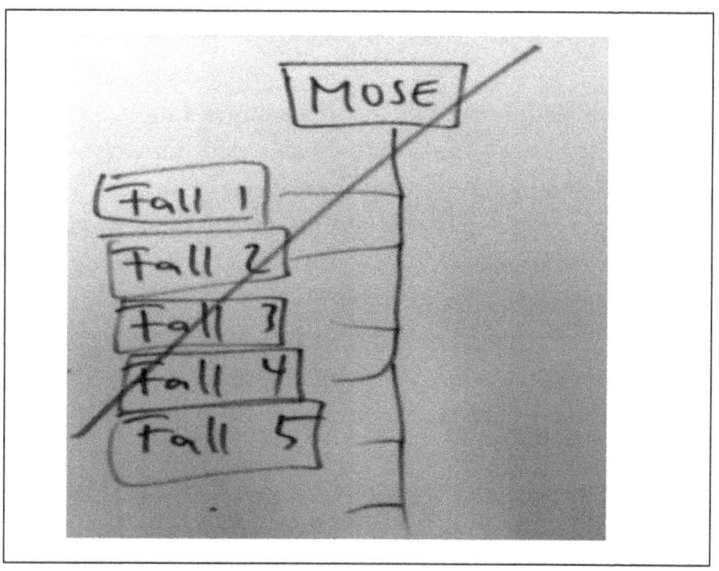

---

80 Der gesamte Text Ex 18,13–26 findet sich im Anhang.

In dem nachfolgenden Ausschnitt aus dem Schreiben von Papst Franziskus an Kardinal Ouellet[81] beschreibt Papst Franziskus deutlich, welches aus seiner Sicht die Rolle der leitenden Amtsträger ist: sie sollen Diener, Ermöglicher und Koordinatoren der Gaben sein, die in den Menschen zu entdecken sind und in den Dienst genommen werden wollen.

Noch einmal: Der Dienst an den Diensten

- Was bedeutet es also für uns als Hirten, dass die Laien im öffentlichen Leben mitwirken wollen? Es bedeutet, die rechte Weise zu finden, sie **ermutigen, begleiten** und in all ihren Bemühungen **stützen** zu können, die sie jetzt schon unternehmen, um Glaube und Hoffnung in einer Welt voller Widersprüche insbesondere für die Armen, insbesondere mit den Armen lebendig zu erhalten. Es bedeutet, dass wir uns als Hirten mitten in unserem Volk engagieren und zusammen mit unserem Volk Glaube und Hoffnung stützen, indem **wir Türen öffnen**, mit **ihnen zusammenarbeiten, mit ihnen träumen, nachdenken** und besonders mit ihnen **beten.**

(Papst Franziskus an Kardinal Ouellet)

Wenn Leitung so verstanden wird, wie Franziskus es oben beschreibt, dann ist das in der Tat kein „weniger" oder „weniger wichtig" – eine Annahme, die oft bei den Leitenden Unsicherheit oder sogar Angst hervorruft. Das Bewusstsein für dieses „anders" gilt es zu schärfen und so hat sich gezeigt, dass Seminare zu einer gabenorientierten Pastoral gerade auch in der Priesterfortbildung einen guten „Einsatzort" haben, um diese Entwicklung voranzubringen.

Auf der Seite der Ehrenamtlichen fördert ein solcher Leitungsstil die Glaubwürdigkeit der Leitenden. Sie erfahren, dass der Wille, echte und authentische Partizipation zu ermöglichen, wirklich da ist und sie eben nicht mehr „father's little helpers" sind, wie das noch im 2. Kirchenbild deutlich wurde.

81 Papst Franziskus an Kardinal Ouellet, a. a. O.

Der Schatz der Kirche wären dann selbstbewusste, engagierte Christen, die ihre Gaben einbringen – weil sie sie einbringen wollen und nicht, weil irgendwo eine Lücke gestopft werden muss.

Und was heißt das konkret für Leitung?

- Wahrnehmen: „father's little helpers" oder engagierte Menschen vor Ort, die ihre Fähigkeiten und Gaben einbringen wollen. Vor dem Hintergrund welcher geprägten Kirchenbilder handeln wir?

- Leiten und führen heißt dann: wahrnehmen, entdecken, fördern, ermöglichen, befähigen, koordinieren

- kein „weniger", sondern ein „anders"

- Anders machen, andere machen lassen, weglassen

Ein nächster Schritt: Was denken/sehen wir, wenn wir „Kirche" denken? Ein Gebäude? Einen gemeindlichen Kontext? Oder sogar etwas ganz anderes? (*Interessante Frage an die Teilnehmer an dieser Stelle!*)

Was ist aber, wenn Menschen sich anders engagieren als in unseren gemeindlichen Kontexten? Wir haben dies im vorliegenden Buch schon diskutiert und haben gesehen, wie häufig und schnell es dann zu Feststellungen kommt wie eben: „Es ist doch niemand mehr da, wir werden immer weniger ..." Das ist ein sehr deutliches Indiz dafür, was Menschen, die eine solche Aussage treffen, sehen, wenn sie „Kirche" denken.

Was ist aber dann mit den Menschen, die sich anders für andere einsetzen, an unterschiedlichsten Orten? Haben wir mit denen nichts zu tun?

Noch einmal Papst Franziskus, der uns sehr klar sagt, wie sein Blick auf das „Engagement der Laien" ist. Hier kritisiert Franziskus deutlich einen Blick, der kirchliches Engagement begrenzt auf „die Dinge der Priester" und nicht, wie die darauffolgende Folie zeigt, wahrhaben will, dass unser Blick deutlich zu weiten ist, so dass wir auch andere Formen (eine Tafel, eine KiTa, eine Flüchtlingshilfe usw.) als Orte kirchlichen Lebens entdecken können.

Papst Franziskus an Kardinal Ouellet im März 2016

- Oft sind wir der Versuchung anheimgefallen zu meinen, der engagierte Laie sei jener, der in den Werken der Kirche und/oder in der Pfarrgemeinde oder der Diözese tätig ist. Und wir haben wenig darüber nachgedacht, wie man einen Getauften in seinem öffentlichen und täglichen Leben begleiten kann; wie er sich in seinem täglichen Dasein mit den Verantwortungen, die er trägt, als Christ im öffentlichen Leben einsetzt. Wir haben, ohne uns dessen bewusst zu sein, eine Elite von Laien hervorgebracht, in dem Glauben, dass nur jene engagierte Laien sind, die mit den Dingen »der Priester« befasst sind...........

Dieser 9. Teil endet mit einer Kleingruppenarbeit zu folgenden Fragestellungen:
- *Was sollten wir (neu) lernen, um Gaben entdecken und fördern zu können?*
- *Was sollten wir dann besser nicht mehr tun?*
- *Wo könnte das Thema Gabenorientierung verankert sein im Entwicklungsprozess eines pastoralen Raumes?*
- *Mit welchen konkreten Schritten wollen wir beginnen, um zu einer stärkeren Gabenorientierung zu gelangen?*

Bei der anschließenden Diskussion im Plenum ergab sich in einem der letzten Seminare daraus dann die Frage: wo und wie sind wir – über unseren binnenkirchlichen Kontext hinaus – schon vernetzt mit anderen Playern im Sozialraum? Und wer oder was gab den Anstoß für diese Vernetzung(en)?

Das Ergebnis war interessant: es ist nicht nur so, dass es in der Tat schon eine Vielzahl von Vernetzungen gibt (die Situation der Flüchtlinge, besonders im letzten Jahr, scheint das noch einmal besonders verstärkt zu haben), sondern häufig sind es auch die Gebäude, die eine hilfreiche Kontaktfläche bieten: Pfarrheime, so muffig sie uns manchmal zu sein scheinen, werden anscheinend gern und oft von unterschiedlichsten gesellschaftlichen Gruppen genutzt. Wenn dann vor Ort auch noch gute kommunikationsfähige Ansprechpartner sind, scheint der Schritt zur Vernetzung und zum Aufbau von Beziehung nicht so schwer zu sein. Natürlich ist dies nur ein Beispiel aus einem Workshop, aber es könnte sich lohnen, diese Beispiele mehr im Blick zu haben.

Teil 10: Endlich werden, wer ich bin – der TalentKompass von Nordrhein-Westfalen[82] Oder auch: endlich wissen, wer ich bin!

Obwohl die meisten Menschen wahrscheinlich sagen würden, dass sie wissen, wer oder wie sie sind, scheint es interessant zu sein, dieser Frage mehr auf den Grund zu gehen. In den Seminaren lösen Gabenfragebögen bei den Teilnehmern oft allerhöchstes Interesse aus, geht es jetzt doch darum, Konkretes, vielleicht auch Neues oder Ungewohntes über sich herauszufinden. Der Frage „wer bin ich?" nachzugehen, scheint immer wieder attraktiv zu sein. Und obwohl wir wissen, wie wenig wirkliche Aussagekraft solche pseudo-„analytischen" Tests haben und wie wenig valide sie sind, ertappen wir uns vielleicht manchmal selber, wie wir im Wartezimmer des Zahnarztes Kästchen ankreuzen und Zahlen addieren, wenn eine entsprechende Zeitschrift dort liegt.

Die Faszination scheint hoch zu sein und Tests zur Persönlichkeitsanalyse und Fähigkeiten- und Kompetenzfeststellung sind durchaus Gegenstand wissenschaftlicher Forschung mit Ergebnissen, die ernst zu nehmen sind und Wert haben. Aus diesen Erkenntnissen schöpfen mittlerweile auch unsere Kirchen, aber längst nicht als erste oder in erster Linie. Als ein sozialwissenschaftliches Beispiel aus der Praxis sei hier der TalentKompass genannt, der vom Arbeitsministerium Nordrhein-Westfalens herausgegeben wird. „Konsequent ressourcenorientiert machen Sie sich auf eine Reise zu Ihren **wahren Fähigkeiten**, entdecken Ihre **schlummernden Potenziale**, machen sich Ihre **inneren Werte** bewusst und kreieren daraus Varianten **beruflicher Tätigkeitsfelder**. Am Ende des Prozesses stehen **klare Handlungsempfehlungen**, mit denen Sie Ihre berufliche Veränderung im „echten Leben" ganz konkret in die

---

82 Der TalentKompass NRW wurde im Juni 2013 vom Arbeitsministerium des Landes NRW veröffentlicht – https://www.der-talentkompass.de/.

Tat umsetzen können.[83] Interessant ist dabei, dass – anders als bei vielen EDV-gestützten Testverfahren – der TalentKompass auch persönlich-biografische Erfahrungen einbezieht.

- Schritt 1 – die eigenen Fähigkeiten und Interessen erkennen
- Schritt 2 – das persönliche Potenzial einschätzen
- Schritt 3 – neue Ideen für die berufliche Tätigkeit entwickeln
- Schritt 4 – ein eigenes Ziel möglichst genau benennen
- Schritt 5 – erste Schritte in die beschriebene Richtung gehen

Dieser Einbezug persönlich-biografischer Daten mag ein Hinweis darauf sein, dass auch in diesem Kontext die Bedeutung von persönlicher Kommunikation und Beziehung gesehen wird – ein Faktum, dass in unserer kirchlichen Landschaft hohen Stellenwert hat.

83 Ebd.

Gabenorientierung ist ein persönlicher und gemeinschaftlicher Weg. Menschen begegnen Gott, sich selbst und ihren Mitmenschen, treten in Beziehung und entdecken die Potenziale, die in ihnen stecken.

An dem Beispiel des Praxismoduls wird deutlich, dass im Kontext einer gabenorientierten Pastoral eine Schärfung des methodischen Instrumentariums und von dessen Einsatz wichtig ist. Zugleich braucht es aber auch die Grundhaltungen, die diese Instrumentarien fruchtbar machen für innovative Kirchenentwicklungsprozesse, denn eine „Pastoral der Aufgabenerfüllung" stößt zunehmend stärker an die Grenzen ihres eigenen Systems. Gabenorientierung und somit die Frage nach den Berufungen und Begabungen der Menschen könnten ein zukunftsweisender Weg in einer Kirche sein, die von allen Getauften gestaltet, getragen und verantwortet wird.

Uns ist in diesen vergangenen Jahren deutlich geworden, dass die vermutete Spannung zwischen geistlichen Prozessen und dem Einsatz fachlicher Instrumentarien, z. B. aus der Marktforschung oder der Organisationsentwicklung, nicht zu begründen ist, sofern ein Set von gemeinsamen Grundhaltungen den Hintergrund bildet – und eine Gemeinschaft von Glaubenden und/oder Menschen guten Willens in einem Prozess entdeckt, welchen Weg Gott mit seinem Volk geht.

Anhang

Schreiben von Papst Franziskus an den Präsidenten der päpstlichen Kommission für Lateinamerika, Kardinal Marc Ouellet

An Seine Eminenz
Kardinal Marc Armand Ouellet PSS
Präsident der Päpstlichen Kommission
für Lateinamerika

Eminenz!

Zum Abschluss der Tagung der Kommission für Lateinamerika und die Karibik hatte ich Gelegenheit zur Begegnung mit allen Teilnehmern an der Versammlung, in der Ideen und Eindrücke über die Beteiligung der Laien im Leben unserer Völker ausgetauscht wurden. Ich möchte den Gedankenaustausch, der bei dieser Gelegenheit stattgefunden hat, noch einmal aufgreifen und die Reflexion dieser Tage auf diesem Wege fortsetzen, damit der Geist der Entscheidungsfindung und der Reflexion nicht „ins Leere fällt". Es möge uns helfen und weiter anspornen, Gottes treuem, heiligen Volk besser zu dienen.

Bei genau diesem Bild möchte ich unsere Reflexion über die öffentliche Tätigkeit der Laien in unserem lateinamerikanischen Kontext beginnen. Wenn wir Gottes treues, heiliges Volk betrachten, führen wir uns den Horizont vor Augen, auf den wir blicken müssen und bei dem unsere Reflexion ansetzen muss. Als Hirten sind wir stets aufgefordert, auf das treue, heilige Gottesvolk zu blicken, es zu schützen, zu begleiten, zu stüt-

147

zen und ihm zu dienen. Einen Vater begreift man nicht allein für sich, ohne seine Kinder. Er mag ein sehr guter Arbeiter, Berufstätiger, Ehemann, Freund sein. Was ihn jedoch zum Vater macht, hat ein Gesicht: Es sind seine Kinder. Dasselbe geschieht mit uns, wir sind Hirten. Einen Hirten versteht man nicht ohne eine Herde, der zu dienen er berufen ist. Der Hirte ist Hirte eines Volkes, und dem Volk dient man von innen heraus. Oft geht man voran und ebnet den Weg, manchmal geht man hinterher, damit niemand zurückbleibt, und nicht selten ist man in der Mitte, um den Pulsschlag der Menschen gut zu hören.

Wenn wir auf das treue, heilige Volk Gottes blicken und uns als Bestandteil desselben fühlen, positioniert uns das anders im Leben und somit bezüglich der Themen, die wir behandeln. Das hilft uns, uns nicht Reflexionen hinzugeben, die an sich sehr gut sein können, letztlich jedoch das Leben unseres Volkes homogen machen oder so theoretisch sind, dass die Spekulation am Ende das Handeln tötet. Beständig auf das Gottesvolk zu blicken bewahrt uns vor bestimmten plakativen Allgemeinbegriffen (Slogans), die schöne Worte sind, das Leben unserer Gemeinschaften jedoch nicht stützen können. Ich denke jetzt zum Beispiel an das berühmte Wort: „Es ist die Stunde der Laien" – die Uhr scheint jedoch stehengeblieben zu sein.

Auf das Gottesvolk zu blicken bedeutet, sich zu erinnern, dass wir alle als Laien in die Kirche aufgenommen worden sind. Das erste Sakrament, das unsere Identität für immer besiegelt und auf das wir immer stolz sein sollten, ist die Taufe. Durch sie und „die Salbung mit dem Heiligen Geist werden die Getauften zu einem geistigen Bau und einem heiligen Priestertum geweiht" (*Lumen gentium*, 10). Unsere erste und grundlegende Weihe hat ihre Wurzeln in unserer Taufe. Niemand wurde zum Priester oder zum Bischof getauft. Wir sind zu Laien getauft, und das ist das unauslöschliche Zeichen, das niemand uns jemals nehmen kann. Es tut uns gut, uns daran zu erinnern, dass die Kirche keine Elite der Priester, der geweihten Personen, der Bischöfe ist, sondern dass wir alle das heilige, gläubige Gottesvolk bilden. Das zu vergessen, bringt viele Gefahren und Verzerrungen mit sich, in unserem persönlichen ebenso wie im gemeinschaftlichen Leben, im Dienst, den die Kirche uns anvertraut hat. Wir sind, wie das Zweite Vatikanische Konzil hervorhebt, das Gottesvolk: „Seinem Stande eignet die Würde und die Freiheit der Kinder Gottes, in deren Herzen der Heilige Geist wie in einem Tempel wohnt" (*Lumen gentium*, 9). Gottes treues, heiliges Volk ist mit der Gnade des Heiligen Geistes gesalbt. Daher müssen wir beim Nachdenken, Überlegen, Beurteilen, Entscheiden sehr gut auf diese Salbung achten.

Gleichzeitig muss ich ein weiteres Element hinzufügen, das ich für die Frucht einer falschen Form halte, die vom Zweiten Vatikanischen Konzil aufgezeigte Ekklesiologie zu leben. Wir können nicht über das Thema der Laien nachdenken und dabei eine der stärksten Verzerrungen übersehen, mit denen Lateinamerika konfrontiert ist und für die ich Sie um besondere Aufmerksamkeit bitte: den Klerikalismus. Diese Haltung macht nicht nur die Persönlichkeit der Christen zunichte, sondern sie neigt dazu, die Taufgnade zu mindern und abzuwerten, die der Heilige Geist in das Herz unseres Volkes eingegossen hat. Der Klerikalismus führt dazu, die Laien homogen zu machen; indem er sie als „Bittsteller" behandelt, beschneidet er die verschiedenen Initiativen, Bemühungen, ja ich wage sogar zu sagen die kühnen Taten, die notwendig sind, um die Frohbotschaft des Evangeliums in alle Bereiche des gesellschaftlichen und besonders des politischen Lebens zu tragen. Weit davon entfernt, den verschiedenen Beiträgen und Vorschlägen Impulse zu verleihen, löscht der Klerikalismus allmählich das prophetische Feuer aus, von dem die ganze Kirche in den Herzen ihrer Völker Zeugnis ablegen soll. Der Klerikalismus vergisst, dass die Sichtbarkeit und die Sakramentalität der Kirche zum ganzen Gottesvolk gehören (vgl. *Lumen gentium* 9–14) und nicht zu einigen wenigen Auserwählten und Erleuchteten.

Es gibt ein sehr interessantes Phänomen, das sich in unserem Lateinamerika herausgebildet hat. Ich wage sogar zu sagen: Ich glaube, es ist einer der wenigen Räume, in denen das

149

Gottesvolk vom Einfluss des Klerikalismus unabhängig ist. Ich meine die Volksfrömmigkeit. Sie gehörte zu den wenigen Räumen, wo das Volk (einschließlich seiner Hirten) und der Heilige Geist einander begegnen konnten ohne den Klerikalismus, der versucht, die Salbung Gottes an den Seinen zu kontrollieren und zu bremsen. Wie wir wissen, hat die Volksfrömmigkeit, wie Paul VI. im Apostolischen Schreiben *Evangelii nuntiandi* gut dargelegt hat, „gewiss ihre Grenzen. Oft ist sie dem Eindringen von so manchen religiösen Fehlformen ausgesetzt (…) Ist sie aber in der rechten Weise ausgerichtet, vor allem durch hinführende und begleitende Evangelisierung, dann birgt sie wertvolle Reichtümer in sich. In ihr kommt ein Hunger nach Gott zum Ausdruck, wie ihn nur die Einfachen und Armen kennen. Sie befähigt zur Großmut und zum Opfer, ja zum Heroismus, wenn es gilt, den Glauben zu bekunden. In ihr zeigt sich ein feines Gespür für tiefe Eigenschaften Gottes: seine Vaterschaft, seine Vorsehung, seine ständige, liebende Gegenwart. Sie führt zu inneren Haltungen, die man sonst kaum in diesem Maße findet: Geduld, das Wissen um die Notwendigkeit, das Kreuz im täglichen Leben zu tragen, Entsagung, Wohlwollen für andere, Respekt.

Darum nennen Wir sie gern Volksfrömmigkeit, das heißt Religion des Volkes, anstatt Religiosität. (…) Gut ausgerichtet, kann die Volksfrömmigkeit mehr und mehr für die vielen im Volk zu einer echten Begegnung mit Gott in Jesus Christus werden" (Nr. 48). Papst Paul VI. gebraucht einen Ausdruck, den ich als Schlüsselbegriff betrachte: der Glaube unseres Volkes, seine Orientierungen, sein Suchen, seine Wünsche, seine Sehnsüchte. Wenn es gelingt, sie anzuhören und ihnen Orientierung zu verleihen, offenbaren sie uns letztendlich eine echte Gegenwart des Heiligen Geistes. Vertrauen wir unserem Volk, seiner Erinnerung und seinem „Gespür", vertrauen wir darauf, dass der Heilige Geist in ihm und mit ihm wirkt und dass dieser Geist nicht nur „Eigentum" der kirchlichen Hierarchie ist. Ich habe das Beispiel der Volksfrömmigkeit als hermeneutischen Schlüssel genommen, der uns helfen kann, das Handeln besser zu verstehen, das entsteht, wenn Gottes treues, heiliges Volk betet und handelt. Ein Handeln, das nicht in der privaten Sphäre der Person verhaftet bleibt, sondern sich im Gegenteil in Kultur verwandelt; „eine evangelisierte Volkskultur enthält Werte des Glaubens und der Solidarität, die die Entwicklung einer gerechteren und gläubigeren Gesellschaft auslösen können. Zudem besitzt sie eine besondere Weisheit, und man muss verstehen, diese mit einem Blick voller Dankbarkeit zu erkennen" (*Evangelii gaudium*, 68).

Von hier aus können wir uns also fragen: Was bedeutet es, dass die Laien im öffentlichen Leben tätig sein sollen? In der heutigen Zeit sind viele unserer Städte wahre Orte des Überlebenskampfes geworden. Orte, in denen die Wegwerfkultur Einzug gehalten zu haben scheint, die wenig Raum für Hoffnung lässt. Hier begegnen wir unseren Brüdern, die in diesen Kampf eingebunden sind, mit ihren Familien, die nicht nur den Wunsch haben zu überleben, sondern die inmitten von Widersprüchen und Unrecht den Herrn suchen und von ihm Zeugnis geben wollen. Was bedeutet es für uns Hirten, dass die Laien im öffentlichen Leben tätig sind? Es bedeutet herauszufinden, wie man all die Versuche und Bemühungen, die heute bereits unternommen werden, um die Hoffnung und den Glauben aufrechtzuerhalten, ermutigen, begleiten und fördern kann, in einer Welt voller Widersprüche, besonders für die Ärmsten, besonders mit den Ärmsten. Es bedeutet, uns als Hirten mitten in unserem Volk einzusetzen und mit unserem Volk den Glauben und seine Hoffnung zu stützen. Indem wir Türen öffnen, mit ihnen arbeiten, mit ihnen träumen, mit ihnen nachdenken und vor allem mit ihnen beten.

„Wir müssen die Stadt" – und somit alle Räume, wo das Leben unseres Volkes sich abspielt – „von einer kontemplativen Sicht her, das heißt mit einem Blick des Glaubens erkennen, der jenen Gott entdeckt, der in ihren Häusern, auf ihren Straßen und auf ihren Plätzen wohnt. (…) Er lebt unter den Bürgern und fördert die Solidarität, die Brüderlichkeit und das Verlangen nach dem Guten, nach Wahrheit und Gerechtigkeit. Diese Gegenwart muss nicht hergestellt, sondern entdeckt, enthüllt werden. Gott verbirgt sich nicht vor denen, die ihn mit ehrlichem Herzen suchen " (*Evangelii gaudium*, 71). Es ist nie der Hirte, der dem Laien sagt, was er tun oder sagen muss – sie wissen es genauso gut oder besser als wir. Nicht der Hirte hat zu bestimmen, was die Gläubigen in den verschiedenen Bereichen sagen müssen. Als Hirten, mit unserem Volk vereint, tut es uns gut, uns zu fragen, wie wir die Nächstenliebe und die Brüderlichkeit, den Wunsch nach Wohlergehen, Wahrheit und Gerechtigkeit unterstützen und fördern. Wie wir dafür sorgen, dass die Verderbnis sich nicht in unserem Herzen einnistet.

Oft sind wir der Versuchung anheimgefallen zu meinen, der engagierte Laie sei jener, der in den Werken der Kirche und/oder in der Pfarrgemeinde oder der Diözese tätig ist. Und wir haben wenig darüber nachgedacht, wie man einen Getauften in seinem öffentlichen und täglichen Leben begleiten kann; wie er sich in seinem täglichen Dasein mit den Verantwortungen, die er trägt, als Christ im öffentlichen Leben einsetzt. Wir haben, ohne uns dessen bewusst zu sein, eine Elite von Laien hervorgebracht, in dem Glauben, dass nur jene engagierte Laien sind, die mit den Dingen „der Priester" befasst sind, und haben den Gläubigen vergessen, vernachlässigt, dessen Hoffnung oft im täglichen Kampf, den Glauben zu leben, schwindet. Diese Situationen kann der Klerikalismus nicht sehen, denn er ist mehr darum besorgt, Räume zu beherrschen als Prozesse zu erzeugen. Daher müssen wir erkennen, dass der Laie aufgrund seiner eigenen Wirklichkeit, aufgrund seiner eigenen Identität, weil er in das gesellschaftliche, öffentliche und politische Leben eingebunden ist, weil er an neuen kulturellen Formen beteiligt ist, die sich ständig weiterentwickeln, Anspruch auf neue Formen der Organisation und der Feier des Glaubens hat. Die gegenwärtigen Rhythmen sind ganz anders (ich sage nicht besser oder schlechter) als jene, in denen man vor 30 Jahren lebte! „Das erfordert, neuartige Räume für Gebet und Gemeinschaft zu erfinden, die" – besonders – „für die Stadtbevölkerungen anziehender und bedeutungsvoller sind" (*Evangelii gaudium*, 73). Natürlich dürfen wir nicht meinen – das wäre sogar unmöglich –, dass wir als Hirten das Lösungsmonopol für die zahlreichen Herausforderungen besitzen müssen, vor die das heutige Leben uns stellt. Im Gegenteil, wir müssen unserem Volk zur Seite stehen, es auf seiner Suche begleiten und die Vorstellungskraft anregen, um auf die gegenwärtige Problematik eine Antwort zu finden – und zwar, indem wir mit unserem Volk und nie für unser Volk oder ohne unser Volk Entscheidungen treffen. Der heilige Ignatius würde sagen: „den Orten, Zeiten und Personen gemäß". Das heißt, ohne zu vereinheitlichen. Man kann keine allgemeinen Anweisungen geben für eine Organisation des Gottesvolkes in seinem öffentlichen Leben.

Die Inkulturation ist ein Prozess, den wir Hirten anregen müssen, indem wir die Menschen ermutigen, ihren Glauben dort zu leben, wo sie sind, und mit wem sie zusammen sind. Inkulturation bedeutet entdecken zu lernen, wie ein bestimmter Teil des heutigen Volkes im Hier und Jetzt der Geschichte seinen Glauben lebt, feiert und verkündigt. Mit seiner besonderen Eigenart und mit den Problemen, mit denen er konfrontiert ist, ebenso wie mit allen Gründen, die es zum Feiern hat. Die Inkulturation ist ein Handwerk und keine Fabrik zur serienmäßigen Herstellung von Prozessen, die dazu dienen sollen, „christliche Welten oder Räume zu produzieren".

Zwei Erinnerungen müssen wir in unserem Volk bewahren. Die Erinnerung an Jesus Christus und die Erinnerung an unsere Vorfahren. Den Glauben haben wir empfangen, er war ein Geschenk, das wir oftmals aus den Händen unserer Mütter, unserer Großmütter erhalten haben. Sie waren die lebendige Erinnerung an Jesus Christus in unserem Heim. In der Stille des Familienlebens haben die meisten von uns gelernt zu beten, zu lieben, den Glauben zu leben. In einem Familienleben, das später die Form von Pfarrgemeinden, Schulen, Gemeinschaften angenommen hat, wurde der Glaube mit unserem Leben verbunden und hat Fleisch angenommen. Dieser einfache Glaube hat uns oft auch in den Wechselfällen unseres Weges begleitet. Die Erinnerung zu verlieren bedeutet, die Wurzeln unserer Herkunft zu verlieren, und daher wissen wir auch nicht, wohin wir gehen. Das ist grundlegend: Wenn wir einem Laien die Wurzeln seines Glaubens, seiner Herkunft nehmen; wenn wir ihm seine Wurzeln im treuen, heiligen Gottesvolk nehmen, dann nehmen wir ihm die Wurzeln seiner Identität als Getaufter und berauben ihn so der Gnade des Heiligen Geistes. Dasselbe geschieht mit uns: Wenn wir als Hirten unsere Wurzeln aus unserem Volk entfernen, gehen wir in die Irre.

Unsere Rolle, unsere Freude, die Freude des Hirten besteht darin zu helfen und anzuregen, so wie viele vor uns es getan haben: Mütter, Großmütter, Väter, die wahren Protagonisten der Geschichte. Nicht weil wir es ihnen gutwillig gewährt haben, sondern mit eigenem Fug und Recht. Die Laien sind Teil des treuen, heiligen Gottesvolkes und daher die Protagonisten der Kirche und der Welt; wir sind berufen, ihnen zu dienen und nicht, uns ihrer zu bedienen. Auf meiner Reise nach Mexiko hatte ich jüngst Gelegenheit, allein zu sein mit der Gottesmutter, und ich ließ mich von ihr anblicken. Während dieses Gebets konnte ich ihr auch mein Herz, das Herz eines Sohnes, darbringen. In diesem Augenblick waren auch Sie mit ihren Gemeinschaften anwesend. In diesem Augenblick des Gebets habe ich Maria gebeten, dass sie nie nachlassen möge, den Glauben unseres Volkes zu stützen, wie sie es mit der Urgemeinde getan hat. Möge die allerseligste Jungfrau stets Fürsprache für Sie halten, Sie schützen und begleiten.

Aus dem Vatikan, am 19. März 2016
Franziskus

Meinen Gaben auf der Spur

Um herauszufinden, in welchen Bereichen du begabt bist, findest du auf den folgenden
Seiten einen Gaben-Bogen.

Dieser Gaben-Bogen enthält eine Reihe von Aussagesätzen. Kreuze bitte jeweils an, wie
stark die einzelnen Aussagen auf dich zutreffen. Das hilft dir, deine Gaben zu entdecken.
Du selbst weißt wohl am besten, was dir Freude macht, und kannst ungefähr einschätzen,
wo deine Gaben liegen.

**Fülle diesen Bogen spontan und ehrlich aus - und überlege dabei nicht, wie du gerne
wärst oder wie du deiner Meinung nach sein solltest.**

Anleitung:

Lies alle Aussagesätze durch. Überlege bei jedem Satz: Wie stark trifft die jeweilige
Aussage auf dich zu? Kreuze dann jeweils die Antwort an, die nach dem folgenden Raster
am ehesten auf dich zutrifft.

Die Aussage...

5= trifft total auf mich zu
4 = trifft oft auf mich zu
3 = trifft eigentlich schon auf mich zu
2 = trifft nur manchmal auf mich zu
1 = trifft eher nicht auf mich zu
0 = trifft überhaupt nicht auf mich zu

		5	4	3	2	1	0
1	Ich baue gerne neue Initiativen, Projekte oder Ähnliches auf.	5	4	3	2	1	0
2	Ich unterstütze gerne andere mit dem, was ich habe.	5	4	3	2	1	0
3	Wenn meine Freunde Probleme haben, fragen sie mich oft um Rat.	5	4	3	2	1	0
4	Ich kann gut mit Werkzeug (z.B. Säge, Nadel, Bohrer, Hammer) umgehen.	5	4	3	2	1	0
5	Ich bin neugierig auf andere Lebensweisen und Kulturen.	5	4	3	2	1	0
6	Wenn wir an einer bestimmten Aufgabe/Projekt arbeiten, dann bin oft ich derjenige, der die anderen anspornt und motiviert.	5	4	3	2	1	0
7	Ich kann anderen Menschen so von Gott erzählen, dass sie merken, dass das mit ihrem persönlichen Leben zu tun hat.	5	4	3	2	1	0

Aus: Silke Obenauer/Andreas Obenauer, „Mehr entdecken! Gabentool für Jugendliche."; www.ekiba.de/mehrentdecken; ©
Missionarische Dienste der Evang. Landeskirche in Baden

155

8	Ich bete regelmäßig für andere Menschen.	5	4	3	2	1	0
9	Ich liebe den großen Auftritt.	5	4	3	2	1	0
10	Wenn ich spüre, dass in einer Gruppe, in einer Gemeinde oder anderswo etwas nicht stimmt, spreche ich es an.	5	4	3	2	1	0
11	Wenn es ein Fest oder eine Veranstaltung zu organisieren gibt, mache ich dabei gerne mit.	5	4	3	2	1	0
12	Ich kann mindestens eines der folgenden Dinge gut: Musik machen, Theater spielen, malen, Texte schreiben.	5	4	3	2	1	0
13	Ich kann Menschen gut und einfühlsam zuhören.	5	4	3	2	1	0
14	Technik interessiert mich.	5	4	3	2	1	0
15	Ich bekomme gerne Besuch.	5	4	3	2	1	0
16	Es macht mir Spaß, anderen etwas beizubringen.	5	4	3	2	1	0
17	Ich kann gut improvisieren.	5	4	3	2	1	0
18	Ich glaube, dass Gott in meinem Alltag bei mir ist, auch wenn ich ihn nicht immer spüre.	5	4	3	2	1	0
19	Ich muss nicht immer im Rampenlicht stehen, sondern arbeite auch gerne im Hintergrund.	5	4	3	2	1	0
20	Ich setze mich gerne für andere ein.	5	4	3	2	1	0
21	Ich kann erkennen, welches neue Projekt an einen Ort passen könnte.	5	4	3	2	1	0
22	Für sinnvolle (christliche oder soziale) Projekte gebe ich von meinem Geld.	5	4	3	2	1	0
23	Ich kann mich gut in andere Menschen hineindenken.	5	4	3	2	1	0
24	Ich bin eher ein Praktiker/eine Praktikerin.	5	4	3	2	1	0

Aus: Silke Obenauer/Andreas Obenauer, „Mehr entdecken! Gabentool für Jugendliche."; www.ekiba.de/mehrentdecken; © Missionarische Dienste der Evang. Landeskirche in Baden

25	Ich finde es schön, dass andere Menschen ganz anders sind als ich.	5	4	3	2	1	0
26	Für Bereiche, in denen ich mitarbeite, schmiede ich gerne Zukunftspläne.	5	4	3	2	1	0
27	Ich finde es spannend, Menschen zu begegnen, die nicht an Gott glauben.	5	4	3	2	1	0
28	Ich bin davon überzeugt: Wenn ich für andere bete, gebe ich ihnen eine wichtige Unterstützung.	5	4	3	2	1	0
29	Ich kann andere Menschen zum Lachen bringen.	5	4	3	2	1	0
30	Ich bin bereit, für etwas zu streiten, das ich als richtig erkannt habe.	5	4	3	2	1	0
31	Wenn wir ein Projekt oder eine Aktion planen, dann habe ich gute Ideen, wie wir vorgehen müssen, damit wir nichts vergessen und alles klappt.	5	4	3	2	1	0
32	Ich freue mich, wenn anderen mein Musizieren, Singen, Theaterspielen, Malen oder Schreiben gefällt.	5	4	3	2	1	0
33	Ich traue Menschen oft mehr zu als sie sich selbst zutrauen.	5	4	3	2	1	0
34	Ich übernehme bei Veranstaltungen gerne die Verantwortung für die Technik (Licht, Lautsprecher u.ä.).	5	4	3	2	1	0
35	Ich gehe offen auf andere Menschen zu.	5	4	3	2	1	0
36	Ich lerne gerne dazu.	5	4	3	2	1	0
37	Wenn etwas nicht läuft, wie geplant, habe ich gute Ideen, wie wir weitermachen können.	5	4	3	2	1	0
38	Ein Leben ohne Gott kann ich mir nicht vorstellen.	5	4	3	2	1	0
39	Routinearbeiten (wie z.B. Stühle oder Tische stellen, Flyer verteilen, einen Raum richten) machen mir Spaß.	5	4	3	2	1	0

Aus: Silke Obenauer/Andreas Obenauer, „Mehr entdecken! Gabentool für Jugendliche."; www.ekiba.de/mehrentdecken; © Missionarische Dienste der Evang. Landeskirche in Baden

40	Wenn ich sehe, dass jemand in Schwierigkeiten steckt, unterstütze ich ihn.	5	4	3	2	1	0
41-80	...	5	4	3	2	1	0

Auswertung Gaben-Bogen

1. Jeder Aussagesatz auf dem Gaben-Bogen hat eine Nummer (von 1-80), jede Nummer taucht in einem Feld der unten stehenden Auswertungstabelle wieder auf. Nachdem du alle Sätze angekreuzt hast, trage bitte in jedes Feld der Auswertungstabelle die Zahl ein, die du beim jeweiligen Satz auf dem Gaben-Bogen angekreuzt hast.

Beispiel: Wenn du beim Satz Nummer 1 auf dem Gaben-Bogen („Ich baue gerne neue Initiativen, Projekte oder Ähnliches auf.") die Zahl 3 angekreuzt hast, trägst du in der Auswertungstabelle in das Feld mit der Nummer 1 eine 3 ein. Hast du dagegen die Zahl 5 angekreuzt, trägst du eine 5 ein.

2. Zähle dann die Werte jeder Zeile zusammen und trage die Summe in die rechte Spalte ein. Damit hast du deine Punktezahl für jede Gabe errechnet.

	Gabe	Satz mit Nr.				Summe
A	Neues anstoßen	1	21	41	61	
B	Teilen	2	22	42	62	
C	Andere beraten	3	23	43	63	
D	Handwerken	4	24	44	64	
E	Grenzen überschreiten	5	25	45	65	
F	Leiten	6	26	46	66	
G	Begeisternd vom Glauben reden	7	27	47	67	
H	Beten	8	28	48	68	
I	Andere unterhalten	9	29	49	69	
J	Sich einmischen	10	30	50	70	

Aus: Silke Obenauer/Andreas Obenauer, „Mehr entdecken! Gabentool für Jugendliche."; www.ekiba.de/mehrentdecken; © Missionarische Dienste der Evang. Landeskirche in Baden

K	Organisieren	11	31	51	71	
L	Künstlerisch begabt sein	12	32	52	72	
M	Ermutigen	13	33	53	73	
N	Mit Technik umgehen	14	34	54	74	
O	Kontakte knüpfen	15	35	55	75	
P	Anderen etwas beibringen	16	36	56	76	
Q	Improvisieren	17	37	57	77	
R	Glauben	18	38	58	78	
S	Anpacken	19	39	59	79	
T	Sich für andere einsetzen	20	40	60	80	

Aus: Silke Obenauer/Andreas Obenauer, „Mehr entdecken! Gabentool für Jugendliche."; www.ekiba.de/mehrentdecken; © Missionarische Dienste der Evang. Landeskirche in Baden

ALLROUNDER

Sie haben die
Gabe,
vielfältige
praktische
Fähigkeiten zu
besitzen, die Sie
anderen gerne
zur Verfügung
stellen!

Allrounder Allrounder Allrounder Allrounder Allrounder Allrounder Allrounder Allrounder Allrounder

BARMHERZIG

Sie haben die Gabe, gerne und ganz praktisch Menschen in Not zu helfen!

Barmherzig Barmherzig Barmherzig Barmherzig Barmherzig Barmherzig Barmherzig Barmherzig Barmherzig

ERMUTIGER

Sie haben die Gabe, andere Menschen zu trösten und sie zu ermutigen!

Ermutiger　Ermutiger　Ermutiger　Ermutiger　Ermutiger　Ermutiger　Ermutiger　Ermutiger　Ermutiger

GASTFREUND-
SCHAFT

Sie haben die
Gabe, eine
Atmosphäre des
Willkommen
seins zu schaffen,
in der
Beziehungen
entstehen
können!

Gastfreund
schaft
Gastfreund
schaft
Gastfreund
schaft
Gastfreund
schaft
Gastfreund
schaft
Gastfreund
schaft
Gastfreund
schaft
Gastfreund
schaft
Gastfreund
schaft
Gastfreund
schaft

GEBET

Sie haben die Gabe, sich um die Anliegen anderer Menschen zu sorgen und für sie zu beten!

Gebet Gebet Gebet Gebet Gebet Gebet Gebet Gebet Gebet

GEDULD

Sie haben die Gabe, sich nicht so leicht aus der Ruhe bringen zu lassen und auch schwierige Dinge gelassen anzugehen!

Geduld Geduld Geduld Geduld Geduld Geduld Geduld Geduld Geduld

GROßZÜGIG

Sie haben die Gabe, großzügig (Zeit, Energie, Geld) zu sein und gerne davon zu geben!

Großzügig Großzügig Großzügig Großzügig Großzügig Großzügig Großzügig Großzügig Großzügig

HELFEN

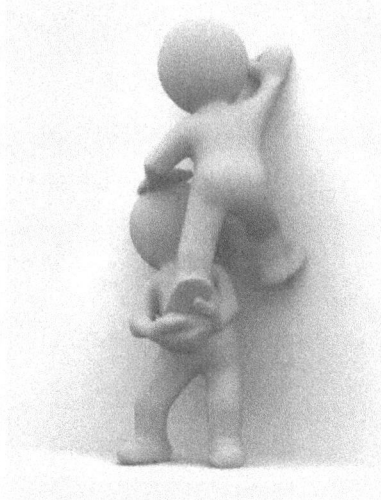

Sie haben die Gabe, notwendige Aufgaben zu erfüllen und andere damit zu entlasten und zu unterstützen!

Helfen   Helfen   Helfen   Helfen   Helfen   Helfen   Helfen   Helfen   Helfen

HIRTENDIENST

Sie haben die Gabe, Menschen zu fördern, für sie zu sorgen und zu unterstützen!

Hirten-dienst Hirten-dienst Hirten-dienst Hirten-dienst Hirten-dienst Hirten-dienst Hirten-dienst Hirten-dienst Hirten-dienst Hirten-dienst Hirten-dienst

KREATIV

Sie haben die Gabe, viele Ideen zu entwickeln und sie kreativ umzusetzen!

Kreativ Kreativ Kreativ Kreativ Kreativ Kreativ Kreativ Kreativ Kreativ

LEHREN

Sie haben die Gabe, die Bibel verständlich zu erklären und auf das Leben anzuwenden!

Lehren Lehren Lehren Lehren Lehren Lehren Lehren Lehren Lehren

LEITEN

Sie haben die Gabe, Gruppen und Gremien gut anleiten zu können!

Leiten Leiten Leiten Leiten Leiten Leiten Leiten Leiten Leiten

ORGANISATOR

Sie haben die Gabe, Arbeitsabläufe so zu planen und durchzuführen, dass gesteckte Ziele erreicht werden!

Organisator Organisator Organisator Organisator Organisator Organisator Organisator Organisator Organisator

PRAKTIKER

Sie haben die Gabe, praktisch veranlagt zu sein und gerne zuzupacken!

Praktiker Praktiker Praktiker Praktiker Praktiker Praktiker Praktiker Praktiker Praktiker

PROBLEMLÖSER

Sie haben die Gabe, Probleme anzupacken und nach Lösungen zu suchen!

Problem-
löser
Problem-
löser
Problem-
löser
Problem-
löser
Problem-
löser
Problem-
löser
Problem-
löser
Problem-
löser
Problem-
löser
Problem-
löser
Problem-
löser
Problem-
löser

REDEN

Sie haben die
Gabe, gut und
sicher reden zu
können!

Reden Reden Reden Reden Reden Reden Reden Reden Reden

APOSTEL

VISIONÄR

Sie haben die Gabe, Herausforderungen anzunehmen und Neues zu wagen!

Apostel Apostel Apostel Apostel Apostel Apostel Apostel Apostel Apostel

WEGWEISER

Sie haben die Gabe, gerne voran zu gehen und anderen den Weg zu weisen!

Wegweiser Wegweiser Wegweiser Wegweiser Wegweiser Wegweiser Wegweiser Wegweiser Wegweiser

ZUHÖREN

Sie haben die
Gabe, immer
ein offenes
Ohr zu haben
und gut
zuhören zu
können!

Zuhören Zuhören Zuhören Zuhören Zuhören Zuhören Zuhören Zuhören Zuhören

¹³Am folgenden Morgen setzte sich Mose, um für das Volk Recht zu sprechen. Die Leute mussten vor Mose vom Morgen bis zum Abend anstehen.

¹⁴Als der Schwiegervater des Mose sah, was er alles für das Volk zu tun hatte, sagte er: Was soll das, was du da für das Volk tust? Warum sitzt du hier allein und die vielen Leute müssen vom Morgen bis zum Abend vor dir anstehen?

¹⁵Mose antwortete seinem Schwiegervater: Die Leute kommen zu mir, um Gott zu befragen.

¹⁶Wenn sie einen Streitfall haben, kommen sie zu mir. Ich entscheide dann ihren Fall und teile ihnen die Gesetze und Weisungen Gottes mit.

¹⁷Da sagte der Schwiegervater zu Mose: Es ist nicht richtig, wie du das machst.

¹⁸So richtest du dich selbst zugrunde und auch das Volk, das bei dir ist. Das ist zu schwer für dich; allein kannst du es nicht bewältigen.

¹⁹Nun hör zu, ich will dir einen Rat geben und Gott wird mit dir sein. Vertritt du das Volk vor Gott! Bring ihre Rechtsfälle vor ihn,

²⁰unterrichte sie in den Gesetzen und Weisungen und lehre sie, wie sie leben und was sie tun sollen.

²¹Du aber sieh dich im ganzen Volk nach tüchtigen, gottesfürchtigen und zuverlässigen Männern um, die Bestechung ablehnen. Gib dem Volk Vorsteher für je tausend, hundert, fünfzig und zehn!

²²Sie sollen dem Volk jederzeit als Richter zur Verfügung stehen. Alle wichtigen Fälle sollen sie vor dich bringen, die leichteren sollen sie selber entscheiden. Entlaste dich und lass auch andere Verantwortung tragen!

²³Wenn du das tust, sofern Gott zustimmt, bleibst du der Aufgabe gewachsen und die Leute hier können alle zufrieden heimgehen.

²⁴Mose hörte auf seinen Schwiegervater und tat alles, was er vorschlug.

[25]Mose wählte sich tüchtige Männer in ganz Israel aus und setzte sie als Hauptleute über das Volk ein, als Vorsteher für je tausend, hundert, fünfzig und zehn. [26]Sie standen dem Volk jederzeit als Richter zur Verfügung. Die schwierigen Fälle brachten sie vor Mose, alle leichteren entschieden sie selber.

Entnommen aus: Einheitsübersetzung der Heiligen Schrift.

Danksagung

Wir haben zwar in den Fußnoten und im Anhang immer wieder die Kolleginnen und Kollegen benannt, deren Material wir in unserem Buch nutzen durften, aber an dieser Stelle sei noch einmal ein besonderer Dank gesagt an:

Silke und Andreas Obenauer für das Material aus ihrem Gabenseminar „Ich bin dabei". Und ein ganz herzliche Danke an dich, Silke, für den gemeinsamen Weg und gemeinsames Nachdenken über Gabenfindung und -orientierung, zu verschiedenen Gelegenheiten immer wieder spannend neu.

unsere Kollegen aus dem Bistum Hildesheim, Matthias Kaune und Thomas Holzborn, für die gemeinsame Arbeit zu diesem Thema – und auch für die Ergebnisse (Wertschätzendes Interview/Gabenscouting).

Florian Jansen aus dem Erzbistum Paderborn, der ein wichtiger Teamer war (und ist) bei den ersten Erfahrungen mit den Gabenseminaren.

die Kolleginnen und Kollegen aus den Erzbistümern Köln und Paderborn, den Bistümern Hamburg und Münster, die wichtige Feedbacks für die Weiterentwicklung des Praxismoduls gegeben haben.

und, last but not least: alle Kolleginnen und Kollegen aus dem Interdiözesanen Charismennetzwerk, das durch seine Treffen immer wieder neue Anregungen gegeben hat.

Christian Hennecke im Gespräch

Vorsicht – lokale Kirchenentwicklung kann ihre Gemeinde verändern: spontan, nah bei den Menschen, missionarisch, bunt. Aber: Wie „funktioniert" lokale Kirchenentwicklung? Welches Bild von Kirche steckt dahinter? Wie wird so ein Prozess initiiert?

Im Gespräch zwischen Christian Hennecke und Sr. Birgit Stollhoff klärt sich, was lokale Kirchenentwicklung meint und wie sie umgesetzt werden kann. Ergänzt wird der Text durch Praxisbeispiele und kurze konkrete Erklärungen zu einzelnen Stichworten.

Christian Hennecke
Birgit Stollhoff
„Seht, ich schaffe Neues – schon sprosst es auf"
Lokale Kirchen-entwicklung gestalten

2. Auflage
112 Seiten, Broschur
ISBN 978-3-429-03761-1

Das eBook finden Sie
in unserem Online-Shop
ISBN 978-3-429-04784-9 (PDF)
ISBN 978-3-429-06199-9 (ePub)

*Das Buch erhalten Sie
in Ihrer Buchhandlung.*

echter verlag
www.echter.de